八旗文化

庫德的勇氣

庫德族人追求和平與獨立的故事，
以及一段跨國界的台庫情緣

جەربەزەیی گەلی کورد

許善德（Zanst Othman）、陳鳳瑜——著

目錄

推薦序（一）

坦承面對才能解決問題
——給台灣人看的庫德族史

蕭美琴（駐美代表）

這是一個我身邊真實的故事。就我認識的善德跟家華，這一本書，是他們精彩的人生緣分和奮鬥的故事。

家華從我二〇〇二年初任立法委員時就加入我的團隊，直到二〇〇八年我因初選落敗暫時離開立法院，她也出國遊學充實自己。有一天她告訴我，她找到真愛，一位遠在伊拉克的庫德族人，而她決心遠赴重洋到庫德自治區去找他！本來以為是她遊學期間認識的，沒想到是一段網路緣分。雖然我私下有些不安與質疑，但她有她的堅持與冒險的勇氣，我也只有祝福。很高興她跟善德從相識到相愛，也成為當時引人注目的佳話。後來善德到台灣來，我簽了他們結婚證書的證婚人欄，見證這段相知相惜、跨越文化與國界的緣分。

善德是一個庫德族有為的青年，在庫德斯坦的國立大學取得雙學位。九歲時為了躲避海珊對庫德人的屠殺，全家逃亡到伊朗。在逃難的途中與家人失散，回到家鄉後才知道，他們已失去了大哥跟阿公阿嬤。善德在失去親愛的家人後，更深知為國家民族努力的重要。

庫德族長期被壓迫的事實，在國際上是比較少受到關注的。庫德族人在各地生存，他們的語言，文化，生活方式都被打壓，言論自由被剝奪。因為長期的壓迫，庫德族人渴望有自己的政府，建立屬於自己的國家。

即便對自己民族有強烈的情感，善德敘述庫德族人追求獨立建國的角度是理性的。他不過度誇耀庫德人的成就，也不只是訴諸悲情歷史。對於庫德人獨立建國的挫折，他不責怪別人，而是真實呈現族人內外部的問題。也因為他相信只有坦承面對問題才能解決問題，他對於庫德族人面對的問題與挑戰，常會有獨特的見解。

這幾年，善德在台灣努力學習中文。為了加速學習，他要求家華不要用英文，堅持以中文溝通；他從一開始的「你好」，到能自在交談，甚至徵選進入中興大學國際政治研究所研讀，且用中文撰寫論文並取得碩士學位。善德鞭策自己，要透過自己的學習，期許有一天能用中文說出庫德族人奮鬥的故事，讓華人世界認識庫德族，進而讓國際上更多人支持庫德斯坦。他現在正一步一步實現這個想法，除了撰寫論文，現在也推出中文書，要向華人世界分享庫德人的故事。

這本書有家華跟善德共同的奮鬥與努力。他們用愛情、政治，以及溫馨的角度，從兩人的故事出發，讓台灣人能更深入瞭解庫德的歷史。如今善德已經在台灣落地深根，兩人有一個可愛的寶寶。未來他們還有很多計畫跟夢想要實現，也祝福他們！

推薦序（二）

武裝下的單純樂天

——我在庫德自治區的採訪經驗

簡嘉宏（鏡新聞國際中心主任）

熾熱的八月天，無垠的藍天綴著些許雲朵，空氣中的熱浪讓人透不過氣，路邊攤販賣著成堆的西瓜、充氣游泳池和水槍，直到瞥見遠方山丘上的國旗圖案，才驚覺自己身處伊拉克庫德族自治區。

迫於國際局勢發展，庫德族人目前散居四個國土緊鄰的國家：土耳其、伊拉克、伊朗、敘利亞，但他們長久以來存著追求民族統一的希望，伊拉克北部庫德族好不容易於二〇一七年九月二十五日舉行了獨立公投，近百分之九十三支持獨立的投票結果卻囿於缺乏國際承認，建國仍是遙不可及的夢。

二〇一八年八月十三日深夜，當時任職《上報》的我、攝影同仁原信搭乘了台灣飛往伊拉克北部的班機，進行採訪計劃中的庫德族第二部曲（我們先前採訪了土耳其，而伊朗、敘利亞仍待完成），與二〇一七年十一月土耳其東部庫德族採訪經驗不同的是，這次有善德隨行。

經由臉書認識這位台灣女婿後，熱情的他為我當時的伊拉克庫德族報導給予許多寶貴建議，甚至委請他的哥哥協助安排部分採訪行程。飛機落地後，初來乍到的我和原信才發現，這裡的氣氛實在迥異於「外界所認知」的伊拉克。

採訪時值當地盛夏，高溫並未阻止愛跳舞的庫德族人的活動力，不論是自治政府議長、年輕帥氣的政治明星、率眾與伊斯蘭國（Islamic State）對抗的庫德族女中校、戰役中失去左小腿的「自由鬥士」（Peshmerga）指揮官、戮力保留庫德族固有文化的大學副校長、童年因海珊無情轟炸便失去家人的倖存者、當地市集裡與我們熱情攀談的庫德族男女老幼，在勇敢追求獨立建國的武裝下，他們擁有與你我無異的樂天、單純。

訪談過程中，採訪對象總「鼓勵」我們，盼台灣繼續勇敢維持「自治」這件天經地義的事。回國後，眼見散居中東四國的庫德族人民為了實現獨立夢不惜犧牲生命、妻離子散，我更深覺台灣人民目前處境的「幸運」。這也是我製作國際新聞的初衷：藉由現地採訪讓讀者知悉台灣的國際相對地位，擺脫只能「翻譯」的宿命。

善德自伊拉克飛越了大半地球來到台灣，家庭美滿、生活平安，但他仍不忘庫德族追求獨立的使命。欣聞他已將這份使命轉化成文字出版，讓台灣讀者認識、了解庫德族，我更在善德身上看到了庫德族人的勇氣。

氣溫轉涼的十一月天，灰黑的天空綴著雨絲，空氣中的涼意襲來，路人身上衣著漸轉為厚重衣物，直到完成這篇推薦序，才驚覺自己的心其實還留在伊拉克庫德族自治區。

伊拉克庫德自治區地圖

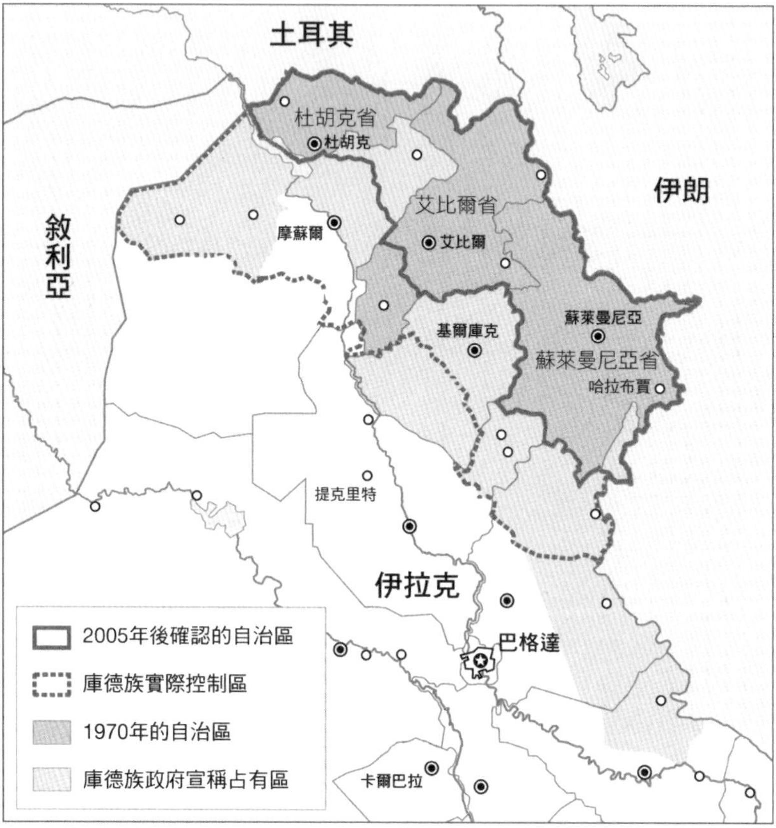
土耳其
杜胡克省
杜胡克
伊朗
艾比爾省
艾比爾
摩蘇爾
敘利亞
蘇萊曼尼亞
基爾庫克
蘇萊曼尼亞省
哈拉布賈
提克里特
伊拉克
巴格達
卡爾巴拉
2005年後確認的自治區
庫德族實際控制區
1970年的自治區
庫德族政府宣稱占有區

庫德自治區兩大政黨勢力分布圖

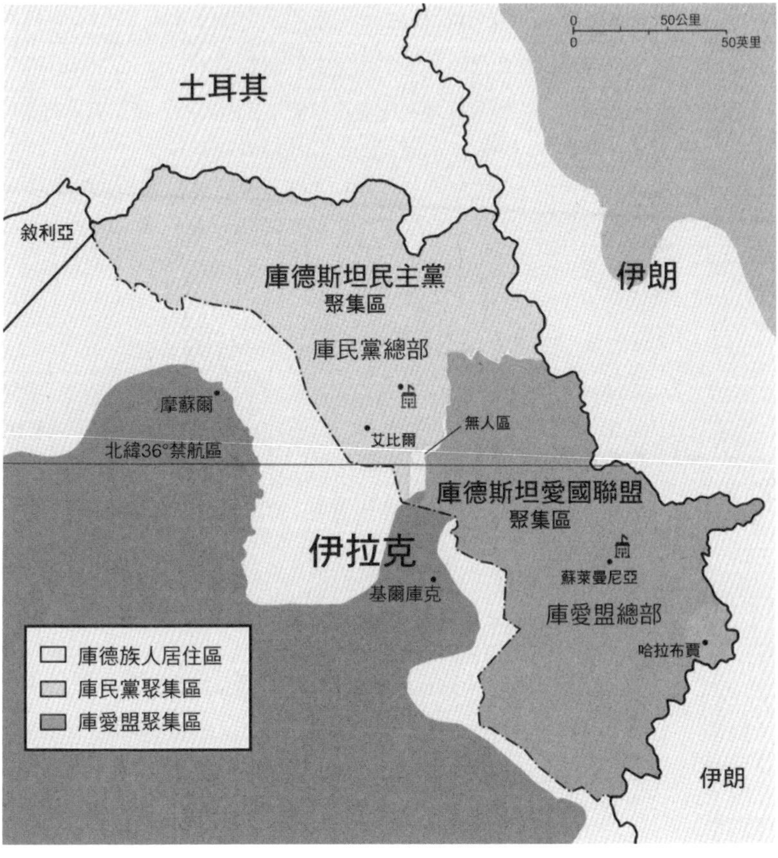

年表：庫德族人大事紀

時間	事件
1187年	庫德族出身的薩拉丁帶領穆斯林擊敗十字軍，奪回耶路撒冷，並建立統治埃及與敘利亞的埃宥比王朝。此後穆斯林一直控制耶路撒冷，直到二十世紀猶太人復國。
1299年	鄂圖曼土耳其帝國建立。庫德族亦受其統治。
1914-18年	英國在第一次世界大戰中逐步占領伊拉克。庫德人展開對抗英國的獨立運動。
1920年	第一次世界大戰之後，協約國與鄂圖曼帝國簽署《色佛爾條約》，規定要讓現在的伊拉克庫德自治區中的庫德人建立獨立政權。
1923年	協約國與土耳其又簽訂了《洛桑條約》，取消了《色佛爾條約》，並將庫德斯坦分割給土耳其、伊拉克、敘利亞、伊朗四國。
1932年	伊拉克王國獨立，採君主政體，統治者為哈希姆王朝。
1946年	庫德族人在伊朗成立「馬哈巴德共和國」，同時在穆斯塔法．巴爾札尼領導下，庫德族「敢死隊」成為共和國正規軍。隨後巴爾札尼回伊拉克建立庫德斯坦民主黨。
1958年	阿拉伯復興社會黨推翻哈希姆王朝，建立伊拉克共和國。臨時憲法規定，伊拉克土地為阿拉伯人與庫德族人共享，但實際上並未實踐。
1970年	復興黨與庫德族簽署「伊拉克庫德自治協定」，自治區獲得到承認，並賦予庫德族許多權利，包括庫德人將擔任伊拉克副總統等等。這是伊拉克政府與庫德族的關係最好的時候。
1974年	鑑於伊拉克政府始終沒有兌現承諾，庫德斯坦民主黨軍隊發動大規模武裝抗爭，並獲得伊朗支持。但最後伊朗與伊拉克妥協，庫德族人落敗。
1975年	賈拉勒．塔拉巴尼從庫民黨出走，創立庫德斯坦愛國聯盟。
1979年	海珊開始擔任伊拉克總統，一直到2003年他被美軍推翻下台之前，長期對庫德族施以血腥屠殺與迫害。
1980年	長達八年的兩伊戰爭開始。
1986年	海珊開始對庫德族進行種族清洗的「安法爾行動」，造成可能高達十八萬人死亡。

時間	事件
1988年	海珊政府以化學武器屠殺哈拉布賈的無辜百姓，兩天內造成高達五千五百人喪身。
1990年	海珊入侵科威特，但隨即招到美國為首的聯合國多國部隊的制裁與反攻。
1991年	庫德族人利用海珊遭到聯合國部隊進攻時，於蘇萊曼尼亞與艾比爾等城市起義。隨後，聯合國安理會通過六八八號決議，劃定伊拉克北部的禁航區，阻止海珊軍隊進入庫德區。接著，在美國的支持下，伊拉克庫德自治區成立。
1992年	庫德自治區舉辦第一次民主選舉。庫民黨和庫愛盟兩黨得票率勢均力敵，並展開激烈的政黨衝突。
1994年	庫德族兩大政黨爆發長達四年的內戰。最後在美國介入調停下，雙方簽訂《華盛頓協定》，同意和平合作。
2003年	3月，美國以伊拉克擁有大規模毀滅武器為由，進攻伊拉克。4月，占領巴格達。12月，逮捕海珊。
2005年	擱置多年的民主選舉，在美伊戰爭後重啟。兩大黨聯盟獲得壓倒性勝利。馬蘇德．巴爾札尼由庫德斯坦議會選為總統。同時，伊拉克也通過憲法，並舉辦了歷史上第一次的自由公平選舉。
2006年	在美國的支持下，塔拉巴尼當選伊拉克總統，成為伊拉克歷史上第一位庫德族總統。
2013年	兩屆任期屆滿、本該下台的馬蘇德．巴爾札尼在違憲的情況下，要求議會讓他連任兩年。
2014年	6月，伊斯蘭國攻下伊拉克第二大城摩蘇爾。8月，入侵庫德自治區，但遭敢死隊驅離，同時還控制住了基爾庫克。
2015年	馬蘇德．巴爾札尼關閉試圖要求他下台的議會，並且禁止議員集會
2017年	9月，舉辦獨立公投，獲得92.7%的民眾支持，但卻遭到伊拉克與各國政府抵制。10月，伊拉克軍隊又奪回基爾庫克。
2018年	受伊斯蘭國殘酷迫害的雅茲迪婦女娜迪雅．穆拉德，勇敢向國際社會揭露她的遭遇，因而獲得2018年諾貝爾和平獎。
2019年	川普政府將美軍自敘利亞撤出，土耳其政府立刻派兵進入敘利亞攻擊當地的庫德族民兵，以報復其對土耳其庫德斯坦工人黨的支持。

導論

庫德族人的百年滄桑

陳牧民（南亞與中東問題專家，目前為我國駐印度公使）

許善德（Zanst Othman）出生於伊拉克庫德自治區的第二大城市蘇萊曼尼亞，小時候全家經歷過兩伊戰爭以及海珊的種族屠殺。當時，他們全家分頭逃難，他跟著母親進入伊朗境內避難數個月，回到家之後發現就讀大學的大哥已經死於砲彈轟炸。長大後畢業於蘇萊曼尼亞大學並於當地工作，後來因為與台灣女生相戀結婚而移居台灣，並在中興大學國際政治研究所取得碩士學位。能說流利中文並能閱讀阿拉伯文、波斯文、土耳其文的他，是本地極少數密切注意中東局勢發展的專家，也是唯一來自伊拉克庫德斯坦的台灣女婿。

我在指導善德撰寫碩士論文的過程中，發現他所描述的庫德斯坦當地政治情況在台灣、甚至整個中文學界幾乎沒有任何資料，但是他所談的庫德獨立問題又和台灣密切相關。去年十二月初，在善德安排下，終於有機會踏上伊拉克庫德斯坦自治區一探究竟。我們的第一個印象是，此地比想像中要來得富裕：人均GDP為七千美元，但物價相當便宜，城市居民有很高的比例受雇於政府，每天只需要工作半天，讓來自台灣的我們羨慕不已。此外，由於本地人不願從事低階勞力工作，因此吸引許多尼泊爾、孟加拉勞工來此地打工，這點和台灣引進外籍移工來補充勞動力不足的情況頗為類似。不過此地經濟發展的基礎並不穩固，自治區政府主要仰賴石油收入（占經濟收入的八成），雖然坐擁肥沃土地及千年古蹟（艾比爾市中心的古城有四千三百年的歷史），卻沒有好好開發利用。

不過最令我印象深刻的還是庫德人強烈的民族認同。庫德人是生活在中東地區最古老的民族之一，主要居住在土耳其、敘利亞、伊拉克與伊朗等國（另外有少數分布於亞美尼亞與亞塞拜然），總人數有三千萬以上。庫德人擁有自己的語言和獨特文化，在美索不達米亞地區已經居住三千多年。公元十二世紀時，庫德族出身的薩拉丁（**Saladin**）帶領穆斯林從十字軍手中奪回耶路撒冷（此後穆斯林控制此地直到二十世紀猶太人復國），建立埃宥比王朝（**Ayyub Dynasty**），領土從阿拉伯半島一直跨越到今天北非的突尼西亞。

今日庫德人的居住地庫德斯坦（**Kurdistan**）分為東（伊朗西部）、西（敘利亞北部為西庫德斯坦）、南（伊拉克北部）、北（土耳其的東南部）四個地理區域。居住在這四個地區的庫德人語言上有些許差異（主要使用三種不同語言），宗教上也有差異（除了伊斯蘭教的遜尼派和什葉派之外，也有少數人信奉基督教、亞茲迪教、猶太教、祆教等），但卻透過媒體、貿易、人員往來等形塑出一種外人難以想像的國族情感。我們在伊拉克庫德斯坦時，發現有些餐廳會把菜單中的土耳其菜塗掉。原來，老闆解釋在去年九月，土耳其趁著美國總統川普下令將軍隊從敘利亞北部撤出的空檔，發起軍事行動進攻庫德人所占領的地區，於是在伊拉克的庫德自治區各商家自動發起抵制土耳其商品的運動，連菜單上的土耳其菜也不賣，以示對敘利亞庫德同胞的支持。

在人類所有的情感或認同形式中，「民族」或許是最難理解的現象。我們大概能夠理解某些人為了愛情、金錢、親情等原因義無反顧地去做某些事，但是為了「民族大義」、「同胞之愛」等理由赴湯蹈火、甚至犧牲自己的生命，的確讓人匪夷所思。不過民族的確是真實的存在：直到今天我們仍持續看到因為要求民族獨立而引發的各種政治運動：從西班牙加泰隆尼亞的獨立公投到西藏人的悲壯自焚，許多民族仍然在爭取自決或建國的機會；部分國家政府為了某些原因拒絕讓少數民族自治獨立的作為，例如中國在新疆、西藏的強制同化政策、緬甸政府驅逐羅興亞人等，往往讓自己成為國際社會關切甚至批評的對象。

從學術研究的角度來看，早期學者多認為民族的概念是與生俱來的：人們因為血緣、文化、宗教、語言、地理環境等因素而產生彼此間的強烈認同感，進而發展出屬於同一民族的概念。這種主張被稱之為「原生論」（Primodialism）。但現代學者則認為民族的概念是現代化的產物：特別是人類社會從農業社會轉型到工業社會的過程中，語言統一、資訊流通、國家治理功能的建立都讓民族的概念被形塑出來。班納迪克·安德森所撰寫的《想像的共同體》（*Imagined Communities*）一書從歐洲對外殖民主義過程以及印刷術的普及來解釋民族概念的出現，成為當代學術界研究民族主義的主流思維。

但民族並非自古以來就有的概念，人類曾經為了不同的目的而發生戰爭，有些是為了財富、宗教，甚至成就帝國霸業。但為了捍衛民族尊嚴、為了民族獨立而奮戰則是過去兩百年才出現的新概念。一七八九年法國大革命之後，歐洲各王權專制國家為了壓制共和派，聯合對法國進行軍事干預，法國人的民族主義情緒因此被完全激發出來，不僅擊退了入侵的保守國家聯盟，還將民族獨立平等的概念擴散到歐洲甚至全世界。

從十九世紀開始，許多國際之間的衝突都起源於民族獨立運動：歐陸各小民族試圖擺脫帝國的束縛，直接挑戰奧匈、俄羅斯、土耳其的統治，要求民族獨立的聲音引發一連串的暴力革命甚至區域戰爭。這個反抗的過程歷時近兩個世紀，一直到一九九〇年代冷戰結束、波羅的海三小國獨立，南斯拉夫完全崩解才算完成。在中東地區，猶太人在二次世界大戰之後返回祖居地建國，卻讓原本居住於此的巴勒斯坦人成了沒有國家的新難民，此問題至今仍然無解。在世界其他地區，反抗殖民統治的民族獨立戰爭一直持續到一九七〇年代，最後幾乎所有殖民地都得到獨立。但是一些反被新獨立國家殖民的小民族，如東帝汶、西藏等，其獨立自決之路得花費更長時間才能完成。民族有權追求自決、自治，甚至獨立建國，已經成為二十世紀以來國際社會所共同接受的主要原則（稱為民族自決權），但也是最被忽視的權利。至今世界各地仍有許多民族被剝奪獨立自主的權利，而庫德人正是這個族群中人數最多、也最受矚目的一群。

無論從什麼角度來看，庫德族人都應該擁有自己的國家，但是二十世紀初一連串的國際政治事件讓他們失去這個機會。一次世界大戰結束後，戰勝國協約國為了處置與鄂圖曼土耳其帝國的領土，與之簽訂《色佛爾條約》（Treaty of Sevres）。條約中決定讓庫德族人以公民投票的方式決定其命運，並承認另一個民族亞美尼亞人所建立的新國家。但是因為條約內容太過嚴苛，土耳其民族主義者在凱末爾（Mustafa Kamel）領導下對協約國進行武裝抗爭，最後迫使英、法等國另外簽訂《洛桑條約》（Treaty of Lausanne），土耳其獨立地位獲得保障，但庫德族建國計畫卻遭到擱置。此後庫德人所居住的地區陸續成為土耳其、敘利亞、伊拉克與伊朗等國領土，庫德人反而成了少數民族。從一九二〇年代以來，庫德人在這四個國家內發動了數十起武裝起義，甚至在伊朗境內還在蘇聯扶植下於一九四六年建立一個馬哈巴德共和國（Mahabad Republic of Kurdistan），不過所有的武裝運動最終都被壓制下來。伊拉克在獨裁者海珊統治時，對庫德人發動種族清洗（ethnic cleansing），以轟炸、毒氣攻擊等方式有計畫屠殺庫德族人；在土耳其境內，庫德人主要居住在東南地區，總人口在九百萬到一千四百萬之間，是該國境內最大的少數族群。在一九九〇年代之前，土耳其政府甚至否認庫德族的存在。

過去一個世紀以來庫德問題之所以難解，是因為只要讓任何一國境內的庫德人進行自決建國，就會立刻引發整個區域的連鎖效應。而土耳其、伊拉克、敘利亞、伊朗等國雖然政治立場殊異，但是在壓制庫德族一事上具有共同利益，因此庫德人幾乎沒有機會取得自治。轉機出現在一九九一年第一次波斯灣戰爭時，伊拉克庫德族利用美軍宣布北部禁航區的機會，一舉將海珊政府勢力驅逐出去，建立自治區政府；到了二〇〇三年美國正式出兵推翻海珊政府，庫德人進一步與新成立的伊拉克政府訂定協議，取得真正的自治。二〇〇五年伊拉克庫德斯坦自治政府舉行過一次非正式的獨立公投，當時百分之九十八點八八的選民都選擇獨立，但因為此公投並沒有任何約束力，因此並未得到太多注意。二〇一七年九月二十五日，庫德自治區再度舉行獨立公投，在伊拉克政府及周遭所有國家反對下，仍有高達百分之九十二點七的選民投下贊成票。不過這次公投的代價非常高昂：巴格達切斷所有對自治區的經濟支援，同時派遣軍隊占領由庫德自治區政府控制的石油大城基爾庫克（Kirkuk）。然而美國及所有西方國家對於庫德人以民主方式表達獨立意願的行為全部保持沉默。周遭國家包括土耳其等都祭出經濟制裁，伊朗軍隊甚至直接開到邊界進行演習，恐嚇意味十足。自治區政府為了縮減開支，硬是將公務員薪水減少百分之七十五。去年十二月造訪庫德自治區時，許多人仍對這場危機記憶猶新。

但庫德人獨立與否真的不重要嗎？二〇一四年六月十日，伊斯蘭國武裝分子攻下擁有百萬人口的伊拉克第二大城摩蘇爾（Mosul），震驚全世界。當時政府軍動用兩個正規師、加上警察部隊共六萬人投入戰事，卻無法抵擋只有一千五百人、未受過正規軍事訓練的恐怖分子。在摩蘇爾陷落之後，伊斯蘭國繼續向東進攻，卻未能再攻下任何新的領土，成功阻擋攻勢的既非伊拉克，也不是美軍，而是來自庫德自治區的敢死隊「佩什梅格」（Peshmerga）。如今伊拉克國內持續動盪，鄰近的伊朗也在美國經濟制裁下面臨嚴重危機，相對穩定的庫德自治區成為許多伊朗庫德族、甚至伊拉克境內阿拉伯人的避難場所。伊拉克北部庫德人自治政府因此成為所有庫德人唯一能自由生活不受迫害的區域。自治區究竟是中東混亂世界中的一片淨土、還是庫德族獨立建國的唯一希望？許善德與陳鳳瑜所合作撰寫的這本《庫德的勇氣》給了我們第一手的觀察。

《庫德的勇氣》應該是華文世界首次有人將伊拉克庫德斯坦自治區政治發展過程做如此詳細的介紹。本書內容除了善德個人的經歷，更重要的是介紹他家鄉過去三十年來發生的一切。特別是「庫德斯坦民主黨」（KDP）與「庫德斯坦愛國聯盟」（PUK）之間的政治惡鬥。一九九一年自治區建立之後，政治權力逐漸落入這兩個政黨手中，彼此競爭激烈，甚至在一九九四至一九九七年間出現內戰，造成五千人死亡。此後這兩黨持續掌控自治區的政治大權，連「佩什梅格」敢死隊都分成庫民黨和庫愛盟兩派。庫民黨領袖、自治區總統馬蘇德．巴爾札尼（Masoud Barzani）在二〇一七年因執意舉辦獨立公投而下台，但是新選出的總統納奇萬．巴爾札尼（Nechirvan Barzani）卻是他的姪子，馬蘇德的兒子納梅斯魯爾．巴爾札尼（Masrour Barzani）則成為現在的總理；庫德斯坦愛國聯盟領袖賈拉勒．塔拉巴尼（Jalal Talabani）後來就任伊拉克總統（直到二〇一四年病逝），他的兒子也成為現任自治區副總理。就像其他新興民主國家一樣，兩黨的領導人都努力把政治變成家族事業。這樣的畸形民主到底對庫德人會有什麼影響？後續還值得觀察。

我們去年十二月前往伊拉克庫德自治區拜訪時，當地許多學者對於台灣這些年來如何應付中國威脅、以及如何爭取國際支持感到高度興趣，他們認為在一定程度上，台灣與伊拉克庫德斯坦的情況類似，但我們對於庫德族的瞭解的其實很少。善德的個人經歷，以及他家鄉所發生的一切，都是我們了解庫德族、研究中東局勢的寶貴資產。

序言

千里姻緣

我與家華

二〇〇七年夏天，伊拉克的庫德自治區（Kurdistan Region of Iraq）一如往常的酷熱，那年我二十七歲，在高中擔任輔導老師，在工作的同時，也在大學修讀貿易管理。在這段暑假時期，學校不用上班，大學也沒有課可以上，我都利用中午時間待在家裡，一方面避開中午的毒太陽，享受「稻草冷氣機」的清涼；同時也上上網，看能不能透過Skype認識一些外國網友，練練英文。提到稻草冷氣機，這是台灣沒有的東西，每次說出來都讓台灣朋友嘖嘖稱奇。這個消暑神器省電環保又便宜。它的原理很簡單，就是在一個貌似冷氣機的三面箱板上，裝上由稻草木屑製做成的吸水板，再藉著機器抽水將這三面稻草板吸滿水保持濕潤，箱子裡的風扇抽風，讓空氣透過濕稻草板吹出來，利用蒸發冷卻原理達到降低室溫的效果。這種稻草冷風扇一台才四、五千元台幣，在庫德自治區高達五十度的夏天，效果完全不輸台灣的冷氣。那時家家戶戶幾乎都有裝設。

這時候的庫德自治區已經距第二次美伊戰爭與經濟制裁結束四年了，大魔頭薩達姆．海珊（Saddam Hussein）也在二〇〇六年底被處絞刑伏法了。雖然自治區的政治還是讓人失望，但比較過去海珊的暴政，與長達十三年美國經濟制裁造成的民不聊生，這時可以說是庫德歷史上難得的和平開放時期，也是我自出生以來第一次享受到全然自由的快樂。尤其經濟的開放，讓自治區的經濟有飛躍性的成長，年輕人一畢業馬上有工作，政府也大量雇用公務員。為了刺激內需，政府甚至撥給年資超過十五年的公務員大概一百至一百二十平方公尺土地，鼓勵他們自建住宅。不過這些都是與經

善德父親、大哥、二哥哥與姐姐。最前方最小那位為善德。

畫面正中央的男孩即在 1991 年的逃亡中不幸罹難的大哥。

善德 14 歲時與母親的合照。大哥過世之後，母親就再也不穿鮮豔顏色的衣服。

（全部照片除非另有特別標示，皆由本書作者及八旗出版社提供。）

海珊被捕時，善德的三哥拿著海珊的照片上街歡呼。

善德與二哥。拍照地點是蘇萊曼尼亞周邊山丘上，可以俯瞰整個城市，也是當年全家逃難的路線。

善德的死黨杜沙德是國小輔導老師，也是敢死隊隊員。他正在示範操作 AK-47 步槍。

家華與善德的結婚照，雙方都穿著庫德族的傳統服飾。

家華為了見善德一面展開了遙遠的中東之旅。

善德與家華終於見面。

善德與家華最初在網路上為了學英文而相識。

家華、善德，與睿睿。（攝影：楊浩明）

善德與指導老師陳牧民，在他曾就讀的國小門口前合影。

本書作者陳鳳瑜在善德的國小，與熱情的當地學生合影。.

蘇萊曼尼亞治安良好，兌換鈔票的小販直接將現金放在玻璃櫃子裡。

蘇萊曼尼亞市集上的書報攤。

庫德族人對海珊恨之入骨，書報攤上不少關於海珊被處死的書籍。

夜市的石榴攤無人看管，想買的顧客直接把錢留在桌上即可取走石榴。

在安娜蘇拉卡人權博物館裡，每一個燈泡代表每一個被海珊政府毀滅的庫德村莊，每一片碎玻璃代表一名被殺害的受難者。（照片來源：維基百科）

海珊時代伊拉克情報局的北部總部，如今被改造為安娜蘇拉卡人權博物館。仔細看會發現，建築上還有許多彈孔。

當初囚犯保暖用的毛毯，至今還被保留著。

博物館裡到處都有恐怖的雕像，令人想起當年的慘劇。

博物館內部仍保有當年阻止逃亡的鐵絲網。

被囚禁的 Muhsin 在牆上留下用手刻的字。當時他才 15 歲。

被囚禁的 Omer Qaladzaiy 的留字。

艾比爾古城下是熱鬧的市場。

市場上許多兜售鮮花的小販。

庫德人也愛黃金。市場內許多金飾店。

遠近馳名的中東椰棗，還在樹上的模樣。

古城旁的人氣咖啡館。

在餐廳裡巧遇來自伊朗的庫德族民俗藝人，只要給他們一筆小費，他們就會唱一首祝福你的歌謠。

在哈拉布賈大屠殺紀念館前，許善德高舉中華民國的國旗。

哈拉布賈紀念館外，一尊象徵父親保護孩子的雕像。

紀念館的導覽員奧馬德，事發時他年僅 14 歲，父母與兄弟姊妹在當下全都罹難。他的雙眼也因為毒氣而失明，半年後才恢復視力。

館內許多還原毒氣攻擊當時慘狀的雕像。

館內也有敘利亞庫德族難民小艾倫的照片。

庫德人慷慨熱情，款待朋友一定要用滿桌的「庫德全席」。

庫德人喜歡在家款待好友，並喜席地而坐。

庫德料理豐盛可口，美味非凡。

庫德族人善於美味的羊肉料理。這是夜市裡的炸羊排。

在庫德自治區四處可見的羊肉鋪。

碳火上的烤羊肉串。

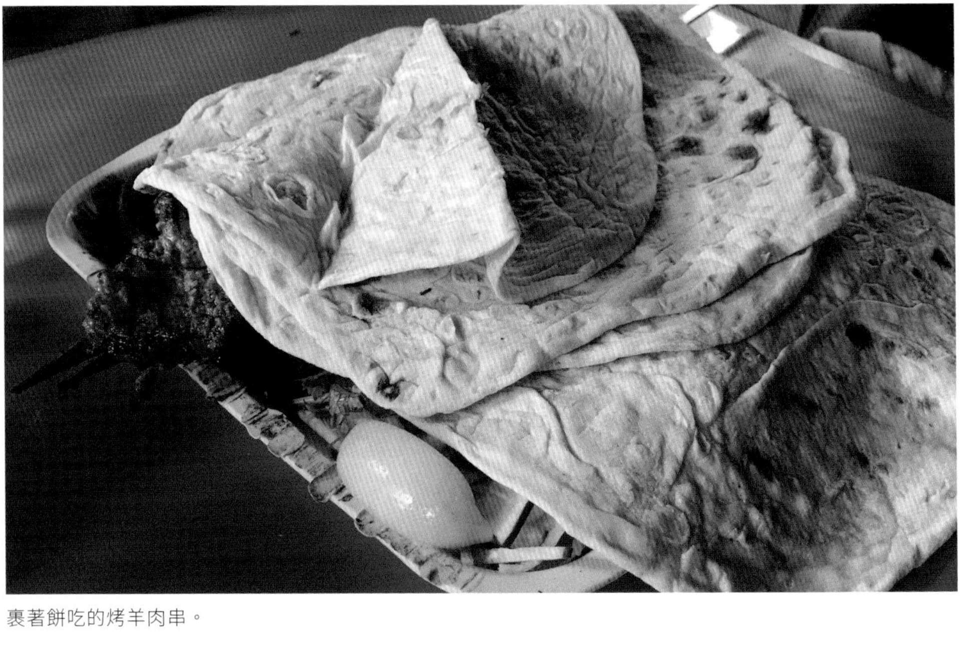

裹著餅吃的烤羊肉串。

在庫德斯坦，所有的聚會或談話都從一杯香濃的茶開始。

茶館布置簡單，一杯茶、一把葵瓜子，客人就能天南地北地話家常。

夜市裡賣茶的推車。

夜市裡烤瓜子的爐子。

市場裡古色古香的點心鋪。

夜市裡的咖啡推車也很有特色。

濟制裁前的生活做比較，如果要與台灣的發展與生活水準相比，仍是有一段差距。但這時的我們對國家、對未來充滿希望。

在這個暑假，我每天中午都待在電腦前上網，希望在網上交些外國朋友。不過我的英文程度差，反應往往跟不上英美網友的速度，願意在電腦前與我對話的少之又少，久而久之，就只剩一個名叫家華的台灣女孩願意跟我慢慢聊。拜台灣過去是代工王國之賜，庫德族在七、八〇年代有很多產自台灣的民生用品。我跟我們上一輩的人對「台灣」這個國家的名字都很熟悉，但對於它是怎樣的一個國家卻毫無概念。而這個台灣女孩跟我一樣，對庫德自治區也是完全沒有概念，而且她的英文程度似乎比我更差！這實在違反了我網路交友的初衷。不過她真的是碩果僅存有耐心跟我對話的外國人，我們就這樣在電腦前一句一句慢慢地交談。但因為我倆的英文實在不怎麼樣，剛開始也只能聊些簡單的內容，像是「你那邊的天氣如何？」、「今天吃了什麼？」、「今天發生了什麼事？」等等一些沒有目的與粗淺的對話。不過我想也因為這些簡單的問答，反而讓我們不用偽裝彼此，聊起來更輕鬆。家華在台灣的白天時間要工作，能夠上網聊天都是她在下班後晚上的時間，而這時是庫德自治區的中午，我們倆上線的時間剛好能互相配合。

我倆就這樣用著破破的英文天南地北的聊，聊著聊著，每天上網跟她Skype，變成我一天最期待的時間，因為我發覺家華是真的在聆聽我說的話，跟她聊天讓我感到很自在，就像是認識很久的朋友，那麼自然。後來我才知道，家華上網的目的，也是為了練習英文。自認英文更破的她，計畫在幾個月後去美國學英文，她希望去美國之前能先練習對話。她會遇到我的原因跟我會遇到她一樣，都是因為英文差，沒辦法交到英美的朋友，最後就只剩我願意跟她對話。而在這之前，她連「庫德自治區」都沒聽過。

我們的對話，從一開始生活周遭的瑣事開始，漸漸地聊到宗教、民族與國家。家華對穆斯林的認知就如一般台灣人普遍的印象一樣：穆斯林就是恐怖分子！想想都很可怕。其實我常從衛星電視上看台灣立法院打架的新聞，也覺得很不可思議。心想你們都把穆斯林當成恐怖分子，但我們穆斯林的國會議員可不會在國會打架啊！家華因為是立法委員蕭美琴辦公室主任的關係，對政治的運作非常熟稔，每次聽她講到台灣立法院的運作、在野黨抗爭，還有反核、反對政府的種種示威活動都讓我覺得很有趣，讓我聽得津津有味，因為這些遊行抗議都是庫德社會沒有的。尤其是台灣政黨競爭聽起來都很激烈，但社會又很平和，對比起庫德自治區的政黨對抗，有時還真的真槍實彈、兵戎相見。台灣政治轉型與庫德自治區成立時間相仿，但它的政治卻朝著更民主、更開放、更透明的方向發展，讓我覺得很有意思，心想如果有機會應該要去看一看。

家華與我倆生長的地方，文化上可以說是全然不同，我們庫德人生活受伊斯蘭教的影響很深，食衣住行都遵循著宗教的規範；但台灣的宗教對個人生活約束則沒有那麼多，而且是百花齊放，每個人都擁有全然的宗教自由。所以剛開始時我們價值觀有很大的歧異，這花了我倆很多時間溝通。許多我們穆斯林覺得合理的事，因為外界的不瞭解，就簡單被化約成是歧視。例如外界一直都認為穆斯林女權低落，因為他們看到外面街市來來往往都是男生，女性似乎不可以拋頭露面。但是庫德人認為市場的買賣是辛苦又不體面的工作，男生來做就可以，女生應該是坐在辦公桌，當律師、老師甚至是女戰士都可以！就像我們在公車上一定會讓座給女生，這是庫德人尊重女性的方式，但在台灣或許會認為這又是另一種歧視，因為這會被解讀成把女性當弱者。我跟家華透過Skype日復一日的溝通，逐漸瞭解彼此的差異，但我倆感觸最深的話題就是**台灣與庫德族的命運竟然是那麼驚人的類似，庫德自治區與台灣都是有民選總統的民主國家，卻都受制於鄰近的大國，庫德自治區必須依附在伊拉克之下，而台灣則是不斷被中國打壓，在這兩大國的陰影下，兩國都無法得到國際社會的承認，雙方都在獨立的路上孤獨地奮鬥著。**

在我們互通Skype的數個月後，家華獨自一人飛到紐約上語言課。庫德自治區比紐約快了七個小時，白天家華要上課，放學後，正值庫德的深夜，我們可以上網交談的時間變得更少。但那時我們已經習慣了每天要與對方聊天，偏偏當時的網路設施遠不如今日，穩定性差，常常斷訊，十分不便。加上兩地時差彼此時間難以互相配合，所以我們可以視訊交談的時間更少，往往都要等到週末時才能好好聊天。不過平常的日子，我們也會忍不住打一般的電話聽聽對方的聲音，但國際電話又太貴，所以只能簡短的通話。後來聽家華說，剛到美國時，因為她的英文太差，學習的挫折與思鄉心情，常常讓她感到孤單與難過。但奇妙的是，每當她難過時，就接到我的電話，我的聲音與關心，給了她很大的安慰。家華在美國的半年，是我們感情升溫最快的時期。家華把在美國發生的大大小小事都與我分享，她今天做了什麼、遇到了誰，都一五一十與我分享。她的真誠與樸實都讓我很喜歡。後來家華為了讓我們有個可以互相念想的紀念，還買了跟我一模一樣型號的NOKIA手機。不過她買的隔天，我竟然就掉了手機，實在令人懊惱。我們就這樣透過一點一滴堆積，逐漸瞭解彼此。

家華的旅程

我是在二〇〇八年從美國遊學回來後，加深了想與Zanst（善德）見面的決心。我很多台灣朋友都不看好這段戀情，也有很多人警告我要小心網路詐騙，在現實生活中感情騙子就層出不窮了，更何況是透過網路，更是不靠譜。尤其對方又是來自「庫德自治區」，這又是什麼地方？！對國際新聞稍有涉獵的人，都會自以為是的判斷這是個戰火頻仍、非常危險的地區。放棄安逸的台灣生活，飛到這個戰亂之地，豈不是飛蛾撲火！而更多人是對這個地方聞所未聞。很多人勸我三思而行，可能更多人心裡都認為我太天真。但我理解這些朋友的勸阻與關心，他們的認知其實就跟我自己一開始對穆斯林與庫德族的刻板印象一樣，所以我並沒有把這些阻力甚至是冷嘲熱諷放在心上。相反地，我的內心很篤定，因為我自己心裡瞭解，過去與Zanst在網路上對話了兩年多，彼此分享了那麼多想法，我們對事、對人有著類似的看法與價值觀，他那麼真心的關心我，而我也喜歡他的誠實、單純與幽默。如果我還是因為對方的宗教、國家與種族種種的原因，而去質疑他，那我跟那些種族主義者與宗教歧視者又有什麼兩樣呢？我知道我好友對我的關心，不過這些價值判斷都是因為不瞭解的結果。如果說是感情詐騙，就算是在台灣，感情詐騙的事比比皆是。誰說結了婚，就永遠不會離婚呢？

所以在準備跟Zanst見面時，我對於要去庫德自治區的事，反而比去美國還不感到害怕。唯一擔心的反而是簽證，因為台灣並沒有伊拉克或庫德自治區的辦事處，如果要拿到簽證，勢必要跑到土耳其、伊朗或敘利亞這些中東國家。我跟Zanst也討論過或許可以約在土耳其見面，但對庫德人而言，申請伊拉克的護照更是困難，因為申請護照一定要去伊拉克首都巴格達，但是當時巴格達恐怖攻擊事件不斷發生，到那裡無異是去地雷區，而且伊拉克政府行政效率低落，也不知道何時會申請得下來？就算拿到護照，土耳其政府也不可能給庫德人簽證（庫德族與這些國家的恩怨情仇真是說來話長），所以Zanst出國的機會實在渺茫。因為護照很難取得，後來聽Zanst說，在庫德自治區有護照的人可是非常神氣。這種心情比較像上世紀七、八〇年代還沒開放出國觀光時的台灣。但在現今的台灣人人都可辦理護照，申請護照只要四個工作天，遇到緊急的事件，甚至可以在機場直接辦理護照。也難怪Zanst在台灣生活後，最稱讚的是台灣的行政效率。

我試著想辦法進入伊拉克周邊國家，再想辦法取得進入伊拉克的簽證，後來我在網站上認識一位敘利亞人，他剛好是旅行社經紀人，並表示可以幫我辦理伊拉克簽證，因此我決定出發前往敘利亞。初到敘利亞，在朋友的安排下，我住進大馬士革老城區的一棟兩層樓的四合院老房子，裡面也住著去學阿拉伯文的歐洲人，我住其中一間房間，還同時請敘利亞友人向伊拉克駐敘利亞的大使館提出了簽證的申請。但是簽證能不能順利申請，我也沒有把握，只能走一步算一步。在等待簽證的日子，我就到處走走看看，心想如果沒有機會進入庫德自治區，最起碼也可以在敘利亞好好玩一玩。敘利亞是文明古國，大馬士革更是世界最早有人居住的古城之一，擁有許多歷史古蹟與景點。當時很多歐洲人會來這學阿拉伯語，我在這裡也認識了一些歐洲朋友，有時也會跟他們作伴一起旅遊。這樣一個美麗的國家，在短短兩三年後居然爆發內戰，文明古國淪落人間地獄。大馬士革也屢屢被評選為世界最不宜人居的都市，令人不勝唏噓。

在大馬士革的日子一天一天過去，敘利亞簽證一個月的有效期也快到了，眼見伊拉克簽證無望，我難過得只能打電話向Zanst道別，表示這次應該無法見面了，其實心想這輩子應該是沒有機會再見了。但意想不到的是，在我與Zanst道別後的第二天，我的伊拉克簽證竟然申請下來了。這樣的大轉折真是讓人又驚又喜。我馬上拿著簽證去伊拉克航空公司買機票，不料伊拉克航空卻以我的敘利亞簽證到期，拒絕賣票給我。抱著不放棄的心情，我再轉向約旦航空試試，沒想到約旦航空願意賣票給我，但是必須先飛到約旦安曼轉機，在約旦住一晚，再飛去庫德自治區首都艾比爾（Erbil）。我當然想都沒想，就馬上買下約旦航空的機票。

抱著忐忑不安的心情坐上約旦飛往庫德自治區首都艾比爾的航班，座位上清一色是阿拉伯人，機上廣播雖然有英語，但是口音極重，再加上我半桶水的英文程度，緊張的心情一直無法放鬆。在飛機上坐了比預期還久的時間，期間夾雜著聽不懂的廣播，但也終於抵達，當飛機著地的那一剎那，我心中懸吊多時的大石頭終於落了地。但一出機門，走出空橋，怎麼樣都覺得這個機場的裝修布置看起來很眼熟，心想中東的機場怎麼都一個樣。後來看到保全，竟然與約旦機場的保全長得一模一樣，我才恍然大悟，又回到約旦機場了！一問之下才知道，原來是艾比爾機場沙塵暴，飛機無法降落，才又全機飛回。我原本雀躍的心情，當下有如被潑了一盆冷水，瞬間難過得眼淚幾乎要掉了下來。回到約旦機場，所有旅客被安置在過境旅館，等待第二天再飛。在語言不通、廣播聽不懂的情況下，我怕又發生聽不懂廣播的烏龍，因為這是最後一哩路了，絕對不能有任何的失誤。我怕隔天坐不上機場的接駁車，因此登機那天我比預定集合時間提早一個小時在飯店大廳等，就是為了等同一班機的旅客出現，我要緊跟著他們一起坐上接駁車。就這樣，我戰戰兢兢的搭上飛往艾比爾的班機，這一次沒有沙塵暴，飛機也順利抵達。為了這趟旅程，我轉了五趟飛機，在敘利亞等了一個多月，沒想到真的到了這個我過去作夢都想不到的國度。我既緊張又期待的走出了機場，在出境大廳的那頭，我看到了Zanst既熟悉又陌生的身影，內心真是激動無比。

Zanst的家鄉在蘇萊曼尼亞（Sulaymaniyah），距離艾比爾大約兩個半小時的車程，他特地包了一輛計程車來接我。一出機場，只覺得這個城市「路爛！建築物也爛！」那時候自治區的局勢還不是那麼穩定，從艾比爾到蘇萊曼尼亞沿途，恐怖攻擊事件時有所聞，也因此在進出城市的檢查哨都可看到荷槍的軍人做嚴格的盤查，那種肅殺的氛圍，是我從沒經歷過的。後來一到Zanst的家鄉蘇萊曼尼亞，沒隔幾個小時，艾比爾就傳出了爆炸案。

後來有朋友問我，那時候我會害怕嗎？但如果Zanst都不怕了，我有什麼好怕的？！二〇〇八年第一次到庫德自治區，那時自治區才成立十年多，才剛從戰火結束與經濟制裁下走出來，物質條件都不如台灣。剛去的兩個星期，拉肚子拉到住院，因為當時的庫德人都喝生水，水裡還有漂浮物。但有趣的是，那時庫德自治區幾乎沒有外國人，尤其是東方人。我這張東方臉孔，對大多數的庫德人來說，應該是前所未見吧。那時走在街上常常成為大家注目的焦點，常有人拉著我拍照，還有不少人對著我叫著「海茵、海茵」，原來當時庫德人喜歡透過衛星電視看韓劇，海茵是韓國大明星金喜善扮演的女主角的名字。亞洲這些電視連續劇、偶像劇，從那時到現在一直深受庫德人喜愛。走在蘇萊曼尼亞街道上，當地的女孩也少有印象中伊斯蘭女子蒙頭覆面的裝扮，大部分人的穿著幾與台灣的年輕人無異。原來庫德族民風較開放，雖然也是伊斯蘭社會，但女子要不要穿傳統服飾與披頭巾蒙面都由自己作主，並不會強迫。我在Zanst家住了四十天，在這段時間，Zanst帶我遊歷了許多風景名勝與歷史古城，但最多的是帶著我拜訪他朋友的家，把我介紹給他所有的好朋友。這部分讓我印象最深刻。我可以體會到庫德人非常重視親人與朋友，他們與人相處從不吝於分享情感，尤其是家人間那種深深的羈絆，讓我很感動。而且因為我是Zanst女朋友，他的家人更是直接把我當作親人般的疼愛，幾乎沒隔閡。這段時間的相處，讓我們更確定兩人一定要在一起的決心。最後待到簽證允許停留的最後一天，我不得不踏上返國的飛機。在機場，Zanst與我兩人依依不捨，根本離不開彼此。這也讓我下定決心，一定要想辦法讓兩人有再見面的一天。也因此回到台灣後，我展開了一連串幫Zanst申請來台的大作戰。

我原本對於這趟旅程並沒有抱太大的信心，那時也有想過萬一流落異鄉或遭逢危險該如何？那時我連父母也不敢告知，我母親只知道我跟同學出國去玩，父親則是看了我上電視節目《新聞挖挖哇》談庫德人申請台灣簽證甘苦談時，才知道我曾跑到庫德自治區。他說當他聽到我孤身一人去庫德自治區時，只覺得手腳發冷……我父親就像大部分傳統的台灣男人，保守又不善於表達。在我的成長過程中，他很少向子女表達他的感受，所以當他說出他緊張得手腳發冷，可見他是多麼的擔心。後來我跟Zanst兩人決定結婚，父親也只說了句「你們決定就好了」，就沒再多說什麼。但他在我們結婚與生了孫子小睿睿後給了我們很大的支持與幫助，讓我無後顧之憂。

想太多與計較太多只是阻礙自己前進而已，我一直很慶幸當時不知哪來的勇氣，促使我踏出這一步，讓我有機會與Zanst結緣，讓我有幸認識庫德這個偉大又勇敢的民族，也因此對伊斯蘭產生極大的興趣。自庫德回台後，為了進一步瞭解伊斯蘭教義，還特別在台北清真寺上了回教課程，學會唸《古蘭經》，最後在兩位見證人見證下，在伊斯蘭教長伊瑪目辦公室以阿拉伯文唸誦清真言「我作證萬物非主，唯有真主，我作證穆罕默德是真主的使者」後，我終於成為伊斯蘭教徒。

終於見面

自家華從美國回台灣後，我們就開始計畫見面的事，但光是要取得台灣或庫德自治區的簽證就難如登天，因為要這麼做的可以說是前無古人，根本沒有一條可以比照的路徑可遵循。台灣沒有代辦庫德自治區簽證的旅行社，而我的部分更是困難，我當時連護照都沒有，更遑論向台灣政府申請簽證。在海珊政府時期，庫德族人根本很難拿得到護照出國，而海珊倒台後，國家雖然開放了，但是申請護照的政府單位在伊拉克首都巴格達，那裡到現在都是恐攻不斷的危險地區，一般人根本不可能以身犯險跑到那辦護照。因此光是要出國，就困難重重。我們倆有如瞎子摸象般，做了很多研究，想找出一個便捷的見面途徑。經過多方的比較與推演後，還是讓家華跑到伊拉克鄰近的敘利亞、土耳其或約旦的伊拉克大使館申請庫德自治區簽證的可能性比較大。

當家華真的風塵僕僕地跑到敘利亞辦簽證，我的內心又高興又擔心，心想我們之間的距離又更近了一步。但是伊拉克簽證能不能順利申請到，又是一個未知數，而她隻身一人在敘利亞，我既不安又不捨……當她在敘利亞等待著簽證時，日子一天一天過去，我的心情也跟著七上八下。直到一個月過去，我接到她從敘利亞打過來道別的電話，表示她還是拿不到伊拉克的簽證，那時的心情真的是直落谷底。不知此次一別，何時有機會再見面。但這種低宕的心情，隨即有戲劇性的轉折，隔天她的伊拉克簽證竟然申請下來了。真難以相信，我們竟然可能有相見的一天！那時真有美夢成真的感動。

到了家華預定抵達的那一天，我早就在前一天從蘇萊曼尼亞趕到艾比爾機場等她，當我在機場看到家華出關的那一剎那，內心的喜悅真是筆墨難以形容！雖然是第一次見面，但家華給我的感覺就像是過去兩年來我在Skype上認識的那個女孩一樣，溫暖又真誠。我們完全沒有初次見面的陌生與尷尬，只有老朋友久別重逢的開心。而我唯一的煩惱就是不能好好陪伴她，因為我平日還有工作。當時真想把工作辭了，好好陪她看看我的國家，我的家人與我的朋友。

在家華待在庫德自治區的四十天裡，我帶著她認識我所有的家人與朋友。可能是生活環境與社會氣氛的不同，家華溫柔隨和的氣質跟多數的庫德女孩不一樣。庫德族長年外侮不斷，每個人都不得不養成強悍的性格才能生存下去，因此女性也格外獨立自主。我母親在我們幼年時就帶著姊姊與我躲著一場又一場的空襲上下學，還曾獨自帶著我們姊弟走了兩個禮拜的山路逃難到伊朗。許多庫德女性一方面在外面有自己的事業，另一方面也將家務處理得井井有條，因此她們在家中的地位並不亞於男性，甚至可以說是更強勢。就像是我們全家出遊，如果我姊姊覺得不高興不想去了，她不會因為已經到達了目的地就隱忍下來，她仍然會將她的不滿表達出來，而我們全家還是會依她的決定全部打道回府。所以家華的體貼親切能讓與她相處的人倍感如沐春風。不過，雖然個性如此，家華在她自己的工作上還是非常專業。我的家人與朋友都很喜歡她，一個多月的相處，更讓我確認家華是我想要一輩子和她在一起的人。可惜她的簽證效期也快到了。再如何不捨，也只能送她離開。那時我們也有了結婚的念頭。

這次與家華短暫的相聚，讓我有了很大的動力想前往台灣與她在一起。雖然知道申請伊拉克護照困難重重，但也絞盡腦汁，想盡辦法出高價託人去巴格達代辦護照。僅管不知是否能順利下來，但也只能盡人事聽天命。對比我後來歸化為台灣人，申請台灣護照的快速便利，真的是不可同日而語。我七等八等，終於將護照申請下來。有了護照，申請台灣簽證又是一個關卡；伊拉克沒有台灣代表處，台灣最近的代表處在約旦。但對台灣而言，伊拉克算是特定國家，申請簽證必須有特殊的理由，像是受到政府邀請、參加會議或是探親等等。如果光只是以觀光旅遊為由，根本拿不到簽證。果不其然，我向在約旦的台灣代表處提出申請，馬上就遭到拒絕。當時覺得挫折萬分，但幸而家華在台灣為我奔走，透過當時擔任立委、現任台南市長黃偉哲先生的協助，終於取得台灣的簽證。

踏上台灣土地

很多台灣朋友都喜歡問我，第一次踏上台灣土地時的感覺？老實說當時的感覺還不如第一次與家華父親見面時兩人之間的文化衝擊印象深刻。那時一走進台灣機場的出境大廳，我看到家華跟她的父母，心裡真是滿滿的感動。身為庫德男子的我，當然是滿懷感激的想給家華的父親一個大大的庫德式擁抱與親吻，但是換來的卻是她父親的掙扎與臉上的驚恐，這讓我感到既震撼又尷尬，甚至有點受傷，他讓我感覺到他似乎是不喜歡我。在我的家鄉，男子間碰面打招呼就是擁抱與親臉頰，這是表達我們的禮貌與尊重，更何況他是家華的父親。庫德男子不論何時何地，不論遠近親疏都是如此打招呼。後來在台灣待久了，我才瞭解台灣人不習慣這樣的肢體接觸，尤其是男人，而上一代的台灣男人更是拘謹嚴肅。而自那次之後，我就再也沒有這樣親過家華的父親了。

我很快地適應了台灣的生活，除了蚊子！在我們家鄉是沒有蚊子的。原本以為台灣很西化，像歐洲人一樣冷漠，但後來發覺這個現代進步的國家待人接物的態度與庫德人很像，都是充滿了濃濃的人情味，在家庭觀念上也與庫德人一樣，親人間的關係很緊密，來往頻繁，就像當初我帶家華拜訪了我所有的親戚朋友，家華也將我介紹給她所有的親友，他們很快地接受了我。家華的哥哥更是拍手叫好。我們很快地開始籌辦我們的婚禮，但很不幸地家華的祖母在不久後去世，婚禮不得不取消，我們最後就在晶華飯店辦了一場極簡單的婚宴，只請了家華的老闆蕭美琴女士與另一位友人做見證，然後在戶政事務所辦結婚登記。而在一年兩個月後，我們回到庫德自治區辦登記，在法院對著《古蘭經》宣誓。庫德族不像台灣，婚前男女雙方家族有準備大、小聘與嫁妝的傳統習俗。相反地，我們較注重未來女性的保障，所以在庫德族的結婚證書上通常會載明以後離婚男方要給女方多少黃金。之前有一部庫德的電影《黑板》，劇中一名一無所有、只揹著一塊黑板在山區找學生教書為生的教師，在兵荒馬亂中與一名女子結婚。在電影最後，兩人婚姻無以為繼，只好協議離婚，縱然再不捨，這個貧窮的老師也只能把他唯一的財產——一塊黑板——給了妻子。這的故事說明了庫德族的婚姻傳統：縱然再貧苦，對離婚的婦女，我們還是要給予我們能力所及最大的保障。說來好笑，家華因為看不懂庫德文，她一直以為離婚證書上寫的離婚保證金是二十公斤黃金，所以當她得意地跟她台灣朋友炫耀時，我都不好意思告訴她事實——其實只有二十兩黃金。

第一章

陌生的國家

沙灘上的男孩

二〇一五年九月二日，一張小男孩死亡的照片占據全世界各大媒體的版頭，震驚了全球。男孩穿著紅衣藍短褲，還有一雙可愛童鞋，圓潤的身形，可以看得出生前是個被好好照顧的孩子。但照片中的他卻是衣著整齊、孤零零地匍匐在沙灘上，身體任憑往來的潮水沖刷，一動也不動。相信大多數的人看到這張氛圍詭異又殘酷的照片，莫不一掬同情之淚，也會對自己的無能為力感到自責。這照片中的小孩不是什麼知名人物或是名人的孩子，他只是一個再普通不過的庫德族男孩而已。對於在台灣這樣的國家長大的人而言，孩子平安長大就像呼吸一樣的自然，但對我們庫德族而言，孩子要平安的長大，要靠很多的運氣與努力。

照片中的男孩叫做艾倫．庫爾迪（Alan Kurdi），是來自敘利亞的庫德人，遇害當時才三歲。他是因為家鄉敘利亞遭伊斯蘭國入侵攻擊，家人帶著他逃難，在土耳其博德魯姆（Bodrum）試圖搭船前往希臘尋求庇護。但不幸船隻傾覆，小艾倫也因此溺斃，最後伏屍在地中海的一處沙灘。

同樣身為庫德族，看到這張照片，實在是令人心碎。它讓我湧現成長過程中的種種經歷與逃難的回憶。對於小艾倫的死亡與他的家人失去親人的悲傷，我相信所有的庫德人都能感同身受，因為幾乎每個庫德家庭都曾經歷同樣的傷痛。小艾倫的這張照片也不禁讓我回想到一九八八年在伊拉克海珊執政時期，被他的軍隊以毒氣攻擊的哈拉布賈（Halabja）村莊。當時死亡的小孩數以千計，許多與小艾倫年紀相當的孩子屍體，遍布在街頭巷尾。現在在哈拉布賈的毒氣紀念館中，特別闢有一個紀念孩童的專區，在那一區的牆上，掛滿所有庫德族孩童遇害的照片。牆上除了掛滿因炸彈毒氣死亡的孩童照片，當中最新的一張就是這張小艾倫的照片。他的不幸殞命讓人痛苦地意識到，在近三十年後，庫德的孩子還必須承受戰爭的惡果。

只不過哈拉布賈滅村慘案發生當時因為海珊刻意封鎖，無人知曉，伊拉克庫德人只能暗自吞淚、控訴無門。不似現在拜網路媒體無遠弗屆之賜，讓小艾倫無辜可憐的身影展現在全世界的面前。當時許多台灣的好朋友看到這則報導，也憂心我的家鄉是否也有受到伊斯蘭國的攻擊，所以那段時間常常會有朋友憂心忡忡地問我家鄉是否一切安好！？家人的生命有沒有遭受威脅？二〇一四年伊斯蘭國橫掃敘利亞、伊拉克，以公開斬首處決敵軍、記者影像作為宣傳時，這些殘酷虐殺的影像對台灣人而言，實在是觸目驚心。但這樣的威脅，對於長期與伊拉克海珊軍隊對戰的庫德族來說，實難起恐嚇作用。當時庫德自治區的軍隊——「敢死隊」（Peshmerga）——甚至還有女戰士。我們不但成功地將伊斯蘭國阻擋於門外，也重創了它，成為全世界的英雄。因此「庫德族自治區」在當時反而是中亞世界的一方淨土，並沒有發生像敘利亞庫德人那樣的大量逃亡潮。

來自庫德自治區的庫德族人

「我是來自伊拉克北部『庫德自治區』的庫德族人。」

來到台灣多年，每次這樣自我介紹，幾乎所有人直覺的第一個回應都是：「哇！

那是很危險的地方！」「是不是常常戰爭？」臉上的表情呈現出來就是一副庫德族是很悲情的民族，只差沒把「你們實在很可憐……」這句話說出口。一直以來，台灣人對庫德族的印象永遠是烽火連天、動盪不安，而庫德族人似乎是地球上承載著最多苦難的民族。因此不管是伊斯蘭國入侵的報導，還是小艾倫遇難的照片，自然而然地會與我家鄉連結起來，想像我們是同一命運、同一遭遇的群體。事實上，不同國家的庫德人雖然同樣面臨著身為少數民族被壓迫的待遇，卻有不同的命運。

除了對庫德族的刻板印象，還有很多台灣人對中東的印象不外乎天方夜譚的想像。大概是被好萊塢阿拉伯電影的影響，一般人對於中東的印象不外乎是沙漠、駱駝與綠洲。我印象最深刻的是二〇一八年底，有一次我因為感冒去看醫生：

醫生：你是哪裡人？

我：伊拉克庫德族人。

醫生：那你為什麼皮膚不黑？

我：為什麼我皮膚要黑？

醫生：伊拉克不都是沙漠而且很熱嗎？

我：不是，我們也會下雪，而且四季分明。

醫生：不可能！！（竟然不相信我……）

其實，我也沒看過沙漠，對沙漠也非常好奇，希望有一天能坐飛機到伊拉克最南部看沙漠。甚至直到現在，還有臉書的臉友問我：「你是ＩＳ（伊斯蘭國）嗎？」雖然這是很冒犯的發問，但我完全不會生氣，因為這也顯示了還有很多人對我們不瞭解。

相較於台灣人對庫德人的無知，庫德人對台灣的認識也同樣貧乏。因為過去媒體長期被海珊控制，以及出國不易，我們接觸外國人的機會也不多，尤其是亞洲東部，我們接觸的機會更少。雖然有些年輕一輩的庫德人聽過台灣，但多會將泰國（Thailand）與台灣（Taiwan）混淆。反而是老一輩的庫德人都知道台灣，也知道台灣是一個國家，因為在一九九〇年以前，許多進口家電與生活用品，都是Made in Taiwan。我與我老婆家華認識之前，對台灣實在是一無所知，當時以為台灣就像歐洲國家一樣，是個進步富裕，但人與人的關係冷漠的國家。那時對國際政治一知半解，更不知道台灣與庫德自治區一樣都面臨著想要獨立而不可得的國際處境。

烏龜也會飛

我不意外台灣人對庫德族的普遍印象，畢竟在台灣有限的國際新聞篇幅中，美日歐洲還是占最大宗，來自中東世界的報導少之又少，而這些少數中東國家的新聞又幾乎都是有關戰爭的報導，像以色列與阿拉伯國家的衝突，自二戰後到一九八〇年代，延續了數十年，打了五次戰爭，至今還未解決。接著是八〇年代的兩伊戰爭，伊朗與伊拉克為了邊境問題從一九八〇至一九八八打了八年。但未消停兩年，一九九〇年伊拉克軍隊入侵科威特，美國再率聯合國部隊在一九九一年對伊拉克發動軍事攻擊。到了二〇〇三年，美國以反恐為理由發動伊拉克戰爭，推翻薩達姆．海珊。再來是二〇一四年伊斯蘭國（Islamic State of Iraq and al-Sham，簡稱ＩＳＩＳ）的肆虐。也無怪乎在多數的台灣人心中，中東就是個火藥庫，戰爭一觸即發。而庫德族人生活分布的地區，主要是伊拉克、伊朗、敘利亞與土耳其四個國家，前三者都是這些中東戰爭的主角。像在以阿戰爭中，伊拉克與敘利亞是阿拉伯國家聯盟的成員；而兩伊戰爭，更不用說是伊朗與伊拉克兩國互打。

庫德族第一次走進台灣一般民眾的視野，應該是一九九一年的美國攻打伊拉克，也就是所謂的波斯灣戰爭。我查了台灣國會圖書館的電子新聞系統，台灣的報紙最早有關庫德族的報導是在波灣戰爭之後，有關對布希政府如何處理伊拉克庫德族反抗軍的質疑。而從一九九一年至二〇一九年近三十年來對庫德族的八千多則報導中，壓倒性的主題是美國攻打伊拉克、內戰、恐怖攻擊、種族屠殺、自殺炸彈、肅清叛軍、伊斯蘭國屠殺與庫德族難民等等。僅偶爾穿插著少數民生類的新聞，例如庫德族自治區足球隊深受歡迎、伊拉克出現第一例禽流感以及庫德族難民獲得數學諾貝爾獎等等，正面陽光的報導真的是屈指可數。大量的戰爭人禍的報導，塑造了庫德人悲慘苦難的普世形象。其實這些報導背後往往隱含了庫德族與周遭國家間錯綜複雜的關係等等歷史脈絡，但受制於新聞講求快速輕薄的局限，難以將庫德族與這些國家的利害關係做清晰的梳理，也因此造成多數人對庫德族的認知籠統，簡化成是被兩伊、土耳其等國家壓迫排擠的族群，甚至是麻煩製造者的錯誤認知。這點實在可惜。

除了新聞報導，讓世人更瞭解庫德人境遇的，當推庫德裔伊朗導演巴赫曼．戈巴迪（Bahman Ghobadi）執導的一系列電影。當中最為台灣人熟知的是他在二〇〇四年推出的《烏龜也會飛》（*Turtles Can Fly*）。這部電影二〇〇五年在台灣上映，是少數引進台灣的庫德電影。電影背景是設定在美國第一次攻打伊拉克前夕，也是庫德自治區成立前。當時伊拉克庫德族人飽受海珊政權凌虐，在電影中，庫德族女孩亞格琳與她失去雙臂的哥哥是哈拉布賈毒氣屠村事件的倖存者，兩人相依為命。有一天亞格琳不幸被伊拉克士兵強暴，懷孕後年幼的她生了一個更小的孩子里加。亞格琳與哥哥兩人帶著里加輾轉流浪到兩伊邊界的村落。這個村落因為是在邊界，埋了很多地雷，許多無依無靠的小孩都是靠拆地雷為生，等於是在刀口舐血過日子，因此這些小孩許多是缺胳膊斷腿。事實上，這些素人小演員身體上的殘缺都是真實的，因此不論是演員或場景，可說是非常寫實。但是電影藉著孩童的純真，沖淡了不少戰爭殘酷的現實。當他們拄著拐杖興沖沖地講著拆了多少地雷、賺了多少錢，讓人感到又心疼又悲傷。故事最後，在美國攻打海珊、庫德族即將迎來解放的前夕，亞格琳還是走不出她的哀傷，她將里加綁上大石頭，推入湖中溺斃。而小里加沉入湖中的那個可憐的影像與溺斃在地中海沙灘上的小艾倫驚人的類似，我的台灣朋友曾說當她看到沙灘上艾倫的身軀，就會想起電影中的這一幕，就像是法文「déjà vu」（似曾相識）一般，彷彿導演早就看到小艾倫命運的預言。電影最後，亞格琳也跳崖自盡。而這一幕，我想這是導演對海珊最深沉的指控，因為在伊斯蘭的教義中，自殺是最不可原諒的罪行，因為在我們的教義中，從山上跳下自殺而死的人，將永遠在火獄中跳崖不止，不能翻身。《烏龜也會飛》這個片名則是象徵庫德族世世代代背負著沒有國家、遭受欺凌的原罪一般，不得解脫，如同龜殼般緊緊依附著，雖然背負著這麼大的負擔，也希望有一天能夠像鳥兒一般，可以脫離苦難、自由飛翔。

除了《烏龜也會飛》，巴赫曼．戈巴迪的第一部長片《醉馬時刻》（*A Time For Drunken Horses*）也同樣從兒童角度觀看兩伊戰爭中庫德族人的生活。該劇描述了居住在兩伊邊界的庫德人的生活形態，極為寫實。這些生活在叢山峻嶺中的庫德族人，因為物資缺乏，只好靠著騾子翻山越嶺運送走私貨物過活。因為高山氣候嚴寒，許多騾子必須先灌兩瓶威士忌，才能禦寒上路。但又因為兩國交戰，走私更形艱難。這些在兩國戰火夾縫中討生活的庫德人，不但得忍受著冰天雪地的氣候、崎嶇難走的山路，最危險的還是時不時的槍炮襲擊。戈巴迪電影中的演員幾乎都是素人演員，他們演的都是自己真實生活的寫照，譬如《烏龜也會飛》中因為地雷而肢體殘缺的兒童，或是《醉馬時刻》那個趕著騾子走私的小男孩阿佑。後來電視台有回去訪問已經成年的阿佑，他仍然從事著邊境走私的工作，閒暇之餘就是從事農活。他說現在住的地方，仍然就像當時電影演的一樣，只能靠著馬或人徒步進去，也沒有任何自來水電等公共服務設施。他雖然喜歡演戲，但《醉馬時刻》可能不僅是他的第一部戲，也是最後一部。

許多台灣的朋友看了《烏龜也會飛》、《醉馬時刻》都喜歡問我庫德人的生活真的是這樣嗎？其實這只是反映了海珊執政與戰爭時期庫德人的生活，但是庫德自治區成立之後，脫離了海珊政府的壓迫，進入了和平時期的庫德斯坦迎來了有史以來最巨幅的經濟成長與飛躍性的發展，這部分卻鮮少為外人所知。大部分的台灣人對於庫德的認識都一直停留在兩伊戰爭與波斯灣戰爭時的悲苦形象，雖然這也是庫德族歷史的一部分，但是庫德自治區也像台灣一樣，為了獲得世界各國的認可與承認，政府與人民也是不遺餘力，全力打造自治區成為一個安居樂業的淨土。近幾年來，我陸續帶了一些台灣的記者與朋友到自治區進行訪問，台灣的朋友們對庫德自治區發展現況都大開眼界，一掃過去悲苦、貧困、落後的主觀印象。

撇除一般民眾的刻板認知，就算是台灣媒體，如果對庫德族缺乏宏觀脈絡的了解，也會有掛一漏萬的缺失。比如在波斯灣戰爭後，伊拉克庫德族在美國的扶持下，於一九九一年成立了「庫德自治區」，這是庫德族群散居三千年後，第一次擁有自己的政府，有民選的總統、軍隊與預算，雖然仍屬於伊拉克轄下，卻是庫德人可以自主管理自己的第一次。而這結果是伴隨著波斯灣戰爭而來的，是美國在中東地區最重要的政策之一，自治區的成立也影響著中東各國權力平衡，甚至攸關伊朗、土耳其與敘利亞等鄰近國家的內政，應是重大的國際事件。但當台灣報導波斯灣戰爭之後續時，卻獨獨遺漏庫德族自治區成立這項重要訊息。檢視台灣最早有關庫德自治區的報導已是遲至二〇〇三年，而該篇報導只是轉譯自美國《華盛頓郵報》專欄作家柯翰默（Charles Krauthammer）的專欄而已，距自治區成立已長達十二年之久。

因此我要回到我前面一開始的自我介紹，我是來自「庫德自治區」的庫德族人。這句話有兩個層面：第一，庫德自治區位在伊拉克北部，所以我的國籍是伊拉克，是伊拉克的庫德族人；第二，庫德自治區有著自己的政府與軍隊，也生產石油。這個自治區就像世界上其他國家一樣，努力建設，發展經濟，都希望讓人民生活富裕平安。也跟台灣一樣，希望能獨立建國，被國際社會接受。

第二章

山是庫德族最好的朋友

庫德族有句古老的諺語：「庫德人沒有朋友，只有山。」（Kurds have no friend but mountains.）事實上，整個庫德族散居在西亞高山高原之中，庫德族在群山的包圍下建立了家園與城市，度過數千年歲月，有悠久的歷史文明與自己的語言，人口有三千萬之眾。傳統庫德族人居住的地區稱為庫德斯坦（Kurdistan），庫德斯坦就是庫德人土地的意思。這塊土地的西半部絕大部分被劃入土耳其，西南邊則有一小部分劃入敘利亞，東邊則歸屬伊朗，甚至還有極小部分位在北方的亞美尼亞國境裡，南部則有大部分土地處在伊拉克境內北部。在伊拉克北部這塊一九九一年被劃設為「庫德自治區」（The Kurdistan Region），包括四個省分：艾比爾、蘇萊曼尼亞、杜胡克（Dohuk）及哈拉布賈四省，首都是最大城市艾比爾，而我的故鄉蘇萊曼尼亞是第二大城。「庫德自治區」東鄰伊朗，西鄰敘利亞，北接土耳其，南接伊拉克，位在整個庫德斯坦地區的南部。「The Kurdistan Region」台灣媒體稱之為「庫德自治區」，正式名稱是庫德斯坦地區，該區又稱為「伊拉克庫德斯坦」（Iraqi Kurdistan）或「南庫德斯坦」（Southern Kurdistan）。庫德自治區在名義上雖隸屬於伊拉克，卻完全由庫德人政府治理，伊拉克政府是無法干預的，也因此庫德自治區可以說是庫德民族三千年來唯一由庫德人自治的政府，當然，離真正的獨立還是有很長的一段距離。

庫德人與米迪文化

很多台灣人都以為中東只有阿拉伯這個族群，甚至會認為庫德人與阿拉伯人是同一族群。大家有這樣的印象我不覺得驚訝，也不會因為這種誤解感到不愉快，因為我們對亞洲的認知也是同樣不足。在很多庫德人眼中，台灣人、韓國人、日本人與中國人看起來也沒有什麼差別。雖然庫德人喜歡亞洲連續劇，套句台灣的說法「追劇」十多年，但對亞洲各國的文化差異也是一知半解。我之前帶台灣朋友到自治區考察，曾經到我二哥家中作客，當時他家客廳正播放一齣亞洲古裝劇。我二哥一直以為那是韓劇，但台灣朋友只看了一眼就說那是中國連續劇。

自古以來，與庫德族鄰近的民族主要是阿拉伯與波斯人，伊拉克主要由阿拉伯人組成，伊朗則是波斯人的後裔。庫德、阿拉伯與波斯這三個族群地理位置相近，世代混居，因此外界也常常分不清這三個族群的差別。但對庫德人而言，我們是米迪人（The Medes）的後裔是非常清楚的，我們的文化稱為米迪文化。米迪文化就像阿拉伯文化、波斯文化一樣，都是世界文明獨立的一個系統，不會混為一談。即使庫德人在歐洲設立電視台，也將其稱為MED（Mede）電視。著名的庫德詩人迪爾達（Dildar）寫下的詩句後來成為國歌，稱「我們是Medes！」。米迪、波斯與阿拉伯這三個族群的文化也有各自不同的性格。我們庫德對於外來文化的接受度較為保守，過去伊斯蘭教在中東世界大幅擴張時，相較於波斯人，庫德族對伊斯蘭教的抵抗甚為激烈，因此在歷史上發生過很多次慘烈戰爭，很久之後才接受伊斯蘭教。而在語言方面，雖然庫德人分散在好幾個阿拉伯語系的國家，卻沒有受到阿拉伯文的影響，但波斯語就受到阿拉伯文的影響甚大。

就如同前面所講的，任何台灣人一看到中日韓傳統服飾馬上就能辨認出不同，阿拉伯、波斯與庫德族的傳統服飾也都不一樣，波斯與庫德服飾色彩較斑斕多變，阿拉伯人則喜歡白色。在其他方面，這三個族群文化有部分相同、部分不同。例如庫德與波斯人的新年都在每年的三月二十一日，阿拉伯則不以此為新年。雖然庫德與波斯的曆法一致，但庫德年曆到今年（二〇二〇年）已經有兩千七百二十年，因為米迪帝國建立是在西元前七〇〇年的三月二十一日；而伊朗年曆到今年才是一三九九年。另外在宗教上庫德人跟阿拉伯人大部分是遜尼派，波斯人則大部分是什葉派。

著名的伊朗歷史學家弗里德里希．斯皮格爾（Friedrich Spiegel）博士（一八二〇至一九〇五年），曾對庫德人做相當深度及廣泛的研究，是研究庫德歷史和米迪帝國歷史的權威。根據斯皮格爾博士的說法，沒有任何歷史資料可以證明，有庫德人以外的其他民族在庫德斯坦傳統領域存在過。換句話說，沒有波斯人的歷史和傳統文化進入過庫德地區的證據。斯皮格爾解釋說，該地區早期的部落和居民，就已經用庫德來命名，庫德人就是該地區的擁有者。根據著名的庫德歷史學家馬茲哈（Dr.Kamal Mazhar）研究，波斯人來到伊朗約三百年前，在那之前庫德人就已經建立帝國和文明。因此阿拉伯人、波斯人或庫德人不論是語言、文化與人種都是截然不同的。

在中東世界，庫德族是僅次於阿拉伯、土耳其、波斯的第四大民族，這樣龐大的民族卻一直無法獨立建國，是世界上「無國家」（stateless）民族中人口最多的民族。我到台灣後，常想著台灣人與庫德人的命運是這麼相似又不同，台灣GDP排名世界第十七、外匯存底世界第五，社會安逸富裕，有著民主有效率的政府體系，與世界獨一無二的健保制度。台灣的這些條件都比庫德自治區進步與優越，但它竟也與庫德一樣，是一個不被國際社會承認的獨立國家。而台灣面對的敵人是現今世界上發展最快，也是最強大的專制國家——中國，它是一個實力與影響力遠遠超過伊拉克的巨大國家。不過，是幸也是不幸，台灣與中國隔著台灣海峽，這個天然的屏障讓台灣不必像庫德自治區需時時提防伊拉克與鄰國的侵襲與威脅。

美麗山城蘇萊曼尼亞

我的家鄉「蘇萊曼尼亞」（Sulaimanyah），是蘇萊曼尼亞省的首府，也是庫德自治區的第二大城。「蘇萊曼尼亞」位在海拔一千兩百公尺的高原上，四周群山環繞，站在城裡不論往哪一個方向遠眺，視野的最終點都是綿延不絕的高山。從城裡到山區，開車不到半小時，就可以享受到山林野趣。現在山裡的觀光景點處處，也開始設有大型餐廳、紀念品店，供往來旅客用餐休息。很難想像，這些地方都曾是父母帶著我們逃難的路線，當時與家人親友們在飛機轟炸中匍匐前進，向前一步是生是死不可預料。我們的許多親朋好友在逃難時命喪山中。如今事過境遷，當地呈現出迥然不同的景象。現在可以開著車載著家人朋友上山賞玩，不但倍感珍貴，也不勝唏噓。

蘇萊曼尼亞氣候四季分明，夏天氣溫可達攝氏五十度，雖然炎熱，但因為乾燥，反倒不如台灣的夏天悶熱難當；冬天山頭覆滿白雪，氣候酷寒。但在山下，只有偶爾遇到下雨時，才會覺得有如台北濕冷的冬天般令人難受。一到春天，萬物復甦，則一改冬天枯槁蕭瑟景像，山上百花齊放，被群山環繞的蘇萊曼尼亞彷彿載上彩色花冠般，美不勝收。這裡民風較其他地區自由開放，輕鬆的氣氛讓蘇萊曼尼亞成為鄰近地區與國家人民喜愛的旅遊勝地，因此它也被稱為「伊拉克的巴黎」（Sulaimaniyah is the Paris of Iraq）或「伊拉克城市新娘」（the bride of Iraq's cities）。

蘇萊曼尼亞的好山好水，孕育出許多偉大詩人、作家、學者、藝術家與政治家，它可說是庫德族的文化中心與啟蒙之地。庫德重要的反抗軍領袖也多來自於此，一九九一年起義的開始也是從蘇萊曼尼亞首先發難。庫德著名女性主義和民族主義的領袖哈普薩涵（Hapsa Khan）也是出生於此。出生於一八九一年的哈普薩涵，來自一個庫德族相當有名望的家庭。她是舊時代的創新女性，在伊拉克庫德斯坦創辦第一所女子學校，並成立庫德婦女協會。一九二〇年有一份英國外交部的聲明中還有提到她，哈普薩涵是女性主義倡議者並鼓勵女性勇敢表達意見，是庫德女性代表。她成立第一所女子學校後積極尋找庫德家中的女性出來讀書，更是與老師們挨家挨戶說服家中長輩送女兒上學。那個時代女性有受教育的很少，她支持女生跟男生一樣要去上學，甚至自己辦學校專門讓女生來念書，支持她們勇敢進入社會、參與政治，也支持女生投書報紙。

近幾年來，拜戰爭結束與改革開放之賜，蘇萊曼尼亞建設突飛猛進，整個城市煥然一新，都市腹地不斷往外擴張，各種公共建設與住宅區工事不斷，充滿欣欣向榮的蓬勃朝氣。城裡最熱鬧繁華的商業區與東西方現代大都市一樣，百貨商場林立，賣場裡充斥著大量歐洲商品，逛街人潮與車輛川流不息。我們的生活方式混合著傳統與現代，都市裡住宅建築、居家布置也與西方歐美家庭無異，家用電器也是最新穎，不輸給台灣；不同的是，雖然家家戶戶都有舒適的大沙發，但我們仍會在客廳裡鋪上傳統大地毯，席地而坐，與家人親友談天，圍坐在地毯上用餐。我們親人朋友間的交流往來仍如傳統氏族般緊密親近，不似西方現代都會的冷漠疏離。

庫德自治區的第一大城艾比爾，人口大約一百八十萬左右，除了是首都，同時也是亞洲、歐美石油公司的營運中心，掌握了鄰近周邊地區龐大石油開採買賣。市中心的艾比爾城堡（Citadel of Erbil）遠在西元前二十四世紀就已經建城，四千多年來至今，持續都有人居住，可能是歷史最悠久的人類居住城市，至少可以追溯到六千年前。它坐落在一個橢圓形的土墩上，高約三十二公尺，占地面積超過十公頃，二〇一四年被列入世界文化遺產。在城堡下是艾比爾的傳統市場，偌大的市場建築，裡面巷道縱橫交錯，一家又一家攤商櫛比鱗次，賣著傳統的食品、點心、服飾與生活用品，還有我們喜歡的黃金飾品。在這裡可以看到庫德族過去街市商店的生活型態，有外國朋友來，我還滿喜歡帶他們來這走走逛逛，嚐嚐庫德傳統糕餅甜點。當然，隨著現代科技的發展，這裡也出現許多的3C電子專賣店，展示著最新穎的手機款式。我每次到艾比爾找朋友，也喜歡約在此見面，因為這裡有最傳統的茶店，也有新潮的咖啡店、水菸店，是與朋友閒聊抬槓的好地方。艾比爾城市氛圍與蘇萊曼尼亞的不太一樣，艾比爾是歷史古都，宗教氣息濃厚，居民較保守，此間婦女著傳統服飾也較蘇萊曼尼亞尤多；而蘇萊曼尼亞在改革開放後，城市快速西化，社會氣氛相對開放、自由和寬容，近年來訴求政治改革的「變革運動黨」（庫德語 Bizûtinewey Gorran），亦是崛起於蘇萊曼尼亞，該黨獲得蘇萊曼尼亞大部分人民的支持。

喝茶聊天是我們生活日常

紅茶可以說是庫德人的國飲，每天喝上個五、六次絕不誇張。就像義大利人飯後喜歡來杯咖啡，我們飯後也習慣喝杯濃茶，才算完整。我們尤其喜歡三五好友一起喝茶聊天，可以上茶館，或是在路邊的茶攤上，大家坐在一起，每人面前一小杯濃茶，買一包葵瓜子，就可以聊上個半天。我們的茶店或茶攤就像台灣的手搖冷飲店或是咖啡店一樣隨處可見，但不同的是，台灣人喝手搖飲多是為了解渴，一人一大杯，不是五百毫升就是七百五十毫升，常常可以看到有人一杯就喝了一整天。而台灣咖啡館又較正式拘謹，很多人上咖啡館不是談正事，就真的是品嚐咖啡，也比我們的茶館講究多了。庫德的茶館／茶攤，就像庫德人客廳的延伸，是我們與朋友見面聊天的地方，我們一天遇見多少朋友，一天就可以上幾次茶館。茶館裡沒有菜單，也沒有賣茶點，有的也是店家免費提供的無花果乾，或是顧客自己帶葵瓜子，永遠就只賣一種茶——紅茶。茶也不分大小杯，它永遠就那麼小小一杯，大概一百至一百五十毫升，只喝熱的，價格換算成台幣只有幾塊錢而已。滾燙的茶湯用小玻璃杯盛著，我們喜歡加進大量砂糖，最好是厚厚的一層，杯子再用小瓷茶盞托著，送到客人面前時永遠是熱熱滿滿的一杯。燙手的杯身讓人難以用手端起，我們通常都會先倒一些熱茶在托盤上，讓茶水稍涼，再以口就盤啜飲。這種行為在台灣通常都會被父母斥責不雅，但這是我們習慣的喝法。因為杯子小，我們往往一天可以喝上好幾杯，如果覺得光喝茶無聊，很多人會在路邊買一大包葵瓜子，大家邊喝茶邊嗑瓜子聊天。如果不上茶館，我們去朋友家，大家在客廳的地毯上，每人面前也是那麼一小杯的濃茶，或坐或臥，侃侃而談。興之所至，伴著音樂，馬上就可以站起來，大夥攬腰牽手圍成圈圈，唱唱跳跳，好不快樂。

看到草地就想野餐

庫德人傍山而居，春夏時節，四周山景綠意盎然、如花似錦。面對這樣上天賜予的美景，戶外野餐就是我們最喜歡的休閒活動。週末假日，我們最喜歡一家老小到戶外野餐開伙。不像台灣有方便的外賣食物，我們都是把家裡的炊具搬到野外開伙，煮茶吃飯聊天，甚至帶著棉被寢具到戶外過夜。台灣的露營活動是近幾年才興起，但是野餐露營是我們一直以來最喜歡的戶外活動。庫德人喜歡野餐到什麼程度？我們常常自我調侃，庫德人只要看到草皮，哪怕只有小小的一塊，都想鋪上野餐布！我們迎接我們的新年——諾魯茲節（Newroz），這個中東許多國家重大的節日，也是象徵春天的開始，在這個日子，我們一定會去野餐，穿著我們傳統的服裝，開心地跳舞，我們就是以野餐來迎接一年的開始。所以我們喜歡有院子的房子，這樣在春夏時節，我們就可以在院子用餐。城市裡的公寓，在我們看起來就像監獄一樣，把人關在小小的一方天地裡。但是隨著自治區成立，生活穩定和平，經濟開始發展起來後，公寓越蓋越多，那種悠然自在的日子也離我們越來越遠。

另一個我覺得庫德與台灣有趣的差別就是台灣人過生日。台灣人喜歡慶生，小孩子過生日常會辦慶生派對，邀同學一同參與；長輩則是隆重的祝壽宴席，情侶間更是注重，非有情人大餐不可。在庫德，因為沒有台灣這種嚴謹的戶口申報制度，我們的父母親那一輩以上，根本都沒有生日的概念，所以後來他們的生日都登記在一年的中間，就是七月一日。所以現在每年的七月一日，在庫德自治區，其至是整個伊拉克，可以看到臉書有一半的人都在祝賀生日快樂。我的爸爸媽媽的生日也都是登記在七月一日。而年輕一輩的，像我的兩個哥哥，為了讓他們上學方便，爸媽就索性將他們的生日登記在一月一日。所以生日對庫德人而言，只是為了讓孩子可以按政府規定就學而已，並沒有什麼特別的意義，就像尋常的普通日子，沒有什麼好慶祝的。後來在我與家華交往時，家華為了幫我慶生，還巴巴的算好時間，越洋熱線幫我慶生，那天我接到家華特別打來慶生的電話還一頭霧水，想說生日為什麼要慶祝。不過隨著庫德自治區的生活日益好轉，現在的庫德人也開始學外國的習慣過起生日來了，但也頂多是幫小孩子慶生而已。

喜愛跳舞的民族

從外在的角度來看，往往會認為庫德人時時面臨戰爭的威脅，顛沛流離，日子應該過得苦，不快樂。但我在台灣生活多年，反而覺得台灣人生活的框架多，壓力更大；我們庫德人除了遵循《古蘭經》以外，並沒有很特殊的文化禮節，也沒有繁文縟節，在我看來台灣人不如庫德人過得自在隨興。台灣人與朋友相聚一起，多數是圍著桌子吃飯，大家正襟危坐，也少有肢體接觸，彼此間仍有一個界線。但我們與朋友聚會，喜歡將朋友邀請到家裡來，大家席地或坐或躺，不顧時間天南地北的聊天，有時聽到音樂，興之所至，就手牽手，圍成一圈跳起舞來。我參加幾次台灣的婚禮，婚宴中聽最多的抱怨是政治人物或長官致詞太冗長，希望宴席趕快開始，這樣才能大快朵頤，所以婚禮有一半的時間都是在吃吃喝喝，宴席才是主角，婚禮菜色是否能讓客人滿意才是最重要。但是在庫德，我們婚禮準備的餐點就簡單得多了，賓客通常只會吃到一個羊肉漢堡跟一瓶飲料，以及無限暢飲的水，但他們也不會在意。我們在意的是有沒有唱歌跳舞。如果婚禮有三個小時，我們至少有兩個半小時都在唱歌跳舞，如果不想跳舞，還會被抱怨為何來參加婚禮！？所以無論會不會跳舞，都要共襄盛舉。婚禮中，所有的親朋好友，不分男女老少，大家圍在一起，自自然然地隨著音樂擺動身體。近幾年來，台灣流行印度寶萊塢電影，對於電影中印度人動不動就跳舞，感到新鮮奇怪。台灣人這麼不喜歡跳舞，在我們眼中也覺得太放不開了。此外，提到婚禮，就想到我學中文時發生的趣事，我剛開始學中文時，常常會把蜂蜜／蜜蜂、婚禮／離婚這些詞彙跟發音弄錯。有次中文老師問班上同學有關各國不同的文化習慣，我說我們國家離婚的時候會一起跳舞好幾個小時，老師問說為什麼要跳舞？我是說因為很開心，老師一臉狐疑，說這很奇怪，我還跟老師辯說這只是跟台灣文化不同而已，沒什麼好奇怪。過了幾天我才發現，我把婚禮誤說成離婚。難怪老師當時一頭霧水。

庫德人有多愛跳舞？每當敢死隊打下伊斯蘭國占領的城市時，不論男女士兵，穿著迷彩服圍起圈來就開始跳舞。就連二〇二〇年武漢病毒大流行，有些人從伊朗回到庫德自治區，集中在飯店隔離十四天，在通過檢測，確定沒有感染後，這些庫德人就直接在飯店開心地開趴跳舞慶祝，都忘了群聚感染的風險。

我在二〇一八年帶著台灣《上報》記者簡嘉宏、曾信原先生訪問位在首都艾比爾的黎巴嫩法國大學（Lebanese French University）副校長努拉丹尼（Omar Nuradeni）教授時，當時記者問他「能否以一句話概括庫德族認同（Kurdish Identity）呢？」，努拉丹尼告訴採訪記者，他認為庫德族的認同是「熱愛自由、與人為善、以及愛跳舞」。當時他一講完，台灣記者哄堂大笑，大概是覺得努拉丹尼教授是採取較幽默的方式回應，不是很正式。我想在台灣文化中，跳舞只是表演藝術的一部分，是觀賞用的，一般人民難得參與，也羞於參與。但在庫德文化中，跳舞就是生活的一部分，我們在慶典時跳，在與朋友聚會時跳，在高興的時候跳，愛跳舞就是我們的民族性。

樂天幽默，珍惜家人朋友

雖然庫德族數千年來面對周遭其他民族的打壓，近半世紀以來飽受海珊政府種族屠殺與戰爭威脅，但是存在我們血液中樂天知命、幽默熱情的天性卻沒有被抹煞掉。尤其是庫德族過去有很多時間處在戰亂中，因此現在自治區的安全生活讓我們變得更樂觀，看待事情的角度也更豁達有趣，更會自我調侃。我們常常講庫德的學生絕對不可能在上課時打瞌睡，為什麼呢？因為我們在床上都不一定睡得著，在上課怎麼可能會睡著！這種以我們的苦難自我解嘲的笑話，俯拾皆是。我從小一起長大的朋友杜沙德（Dlshad Omar）是敢死隊的成員，他的身材魁梧，不笑的時候一臉威嚴，後車廂常載著手槍、AK47等武器。他平時是小學的輔導員，但一有戰爭，他隨時就得上戰場。我的台灣朋友說，乍看杜沙德那威嚴的相貌，還真的像是戰爭片中殺人不眨眼的游擊隊員，但沒想到他一開口就是個活寶，聽到喜歡的音樂時就放開喉嚨大聲唱歌，唱到開心時，就算正在開車，他竟然就這麼放開駕駛盤，拍著雙手打節奏，讓後座的他們捏了一把冷汗。而當他拿出兒女的照片，向大家一一介紹時，那種驕傲滿足的神情根本就是一個慈祥的父親。他們印象最深刻的是杜沙德載他們去哈拉布賈參訪，回程時天色已晚，但杜沙德一邊開車，還心心念念要在回家前幫女兒買頂慶祝聖

برام هاوڕێی خۆشەویستم لیست زانست

ئەم کاتە و هەموو کاتێکت باش.

لە پاش پێشکەش کردنی سەلامێکی کوردانە و پڕیانە لە کانی دڵمەوە

هیوای خۆشی و بەختیاریت بۆ دەکەم. ئومێد دەکەم هەرگیز لە

بەرزی و شادمانی و کامەرانیدا بیت، بەم نامەیە دڵنیابم لە

باشی تەندروستی خۆت و خانەوادەت لە دوور وڵات، لە

یاد کردنەوە لە هەسەرهاتوو کاتە خۆشەکان بکەین کە لە

هەزەکاریەوە هاوڕێتم لە هەمان لۆتکە بێکەوە خوێندمانە وە

ماوەیەکیش لە هەمان شوێن کارمان کردووە کە هەمووی بۆمان

بۆیە یادگاری وەک دوای سەفەر کردنت بۆ وڵاتی تایوان

نیشتمانی بەرزت لەوێ بە دەست هێنانی بڕوانامەی ماستەر

زۆر بە دلخۆشی بۆرم هەواڵی بە دەست هێنانی ئاستی زیاتر، وە من

شارەزابوونەکەم لەم هەیوو سەبارەت بە وڵاتی تایوان بە لام هەڵی تۆوە لە

باسکردن و پرسیار کردنم زیاتر شارەزا بووم لە لایەنەکانی سیاسی و کلتوری و

جوگرافی ئەو وڵاتەوە ئاشنا بووم بە چەند هاوڕێیەکی کە لە بڕوا کانی

جیا جیا داکاریان دەکەن دەوە باسکردنی زانکۆکانی ئەو وڵاتە کە لە

ئاسایشی بەرزدان لە ناو زانکۆکانی جیهاندا، زۆر حەز بە سەردانکردنی دەکەم

هەموو کات و ئومێد لە نوسینی کتێبەکەت هێزی ئاسوودەیی و تەندروست باشی

بۆ خۆت و خانەوادەکەت دەخوازم وە ئەمەش دەریژی بۆ کاکە زۆر بای گوڵ

لەگەڵ ڕێزدا

دڵشاد عمر

سلێمانی ١٩/١١/٢٠٢٠

右邊是好友杜沙德寫給長年在台灣的善德的祝福。原文由庫德文寫成，以下為中文翻譯：

「在庫德語問候之後，我內心祝福你開心跟幸福，希望你總是處於幸福，也希望你和你的家人永遠健康。我經常回想起青少年時代的美好時光，我跟你在大學時代就讀同一所大學，還有很多記憶是在大學以外一起工作的那一段時間。我很開心你在台灣拿到拿到碩士，你總是能完成這些困難的學習。我對台灣沒有那麼熟，但是因為你的介紹，已經深入地了解台灣政治與文化，而且因為你邀請台灣的教授來庫德斯坦訪問，也分析台灣在國際上的困難，希望有一天也能去台灣拜訪。希望你寫的書會非常成功，祝福您跟您的家庭健康，也希望你兒子長壽。」

誕節的小紅帽，只因為他剛剛才接到女兒撒嬌要帽子的電話。

庫德人每戶人家都曾在海珊統治時期失去親人，也可能如此，讓我們更珍惜家人、朋友。家人間的感情羈絆深厚，兄弟姊妹就算是成家立業後，與父母的關係仍如在家一般緊密。我的兄姊疼愛我的妻子家華，與疼愛我無異；對待朋友，就算是初相識，我們也視若老友。庫德人喜歡全家一起吃飯，喜歡拜訪親朋好友，我們與朋友見面，就算知道一天中會遇到不止一次，但再遇到，也還是會如初見般熱絡地打招呼。就算是與朋友暫時分別，也是鄭重其事地說再見。這樣的舉動看在我許多台灣朋友眼裡都覺得誇張了些。

庫德人與台灣人表現在熱情好客的方式不大一樣。我們喜歡將朋友請到家裡作客，準備最好的食物給朋友品嚐，我還曾有朋友為我端出整顆煮熟的羊頭、羊胃包飯等等，這些都是庫德待客最上等的食物。在庫德吃完飯不是聚會的結束，而是聚會的開始，這時主人會端出茶來，大夥這時才一邊喝茶，一邊天南地北地聊天，聊到多晚都可以。朋友只要是到家裡作客，就有要留下來過夜的打算。如果客人不願意留宿，會讓我們覺得招待不周，沒有面子。而台灣的熱情，還是有遠近親疏、內外之分。招待客人通常是請去餐廳，菜色越豪華豐富，越是展現主人對客人的誠意。只有真正的好友，台灣人才會請去家裡作客，但也很少留宿。就算再好的朋友，也不會輕易住主人家。

但我們上朋友家，想去就去，常常不用事先約定。我的朋友家門通常不上鎖，院子門只用門閂插上，只要伸手越過門頂往內一拉就可以開門進去，就算是晚上九點、十點去，沒有事先約定，朋友也不會在意。每次回到庫德，我與朋友幾乎天天聚會，我就算是沒找他們，他們也會上門找我，我們每天有聊不完的話題，聊到睏了就直接席地而睡。我們對待朋友就像兄弟親人一樣，朋友的家人也像我們自己家人一般。但在台灣，縱然是好朋友，也少有這麼隨興，朋友聚會也多是在外面，如果到家裡來，都一定要事先約定，通常到了晚上十一點前，就該打道回府，否則就怕打擾太久。後來我在台灣待久了，也習慣了台灣的作息與台灣人相處的模式，回到家鄉，晚上一到九、十點我就開始打哈欠，但那正是朋友談興最濃的時候。久而久之，我的庫德朋友都覺得我變無趣了。不過在台灣住久了，也漸漸瞭解到台灣人對人的友善與庫德人是相同的，只不過表達的方式較庫德人含蓄保守而已。

第三章

無國之民

自一九二三年鄂圖曼土耳其帝國滅亡後，庫德族因為地緣關係，成為西方與中東國家間合縱連橫的棋子，但最終還是被犧牲。第一次世界大戰後，土耳其政府與協約國（包括英國、法國、義大利、日本、希臘、羅馬尼亞、南斯拉夫）簽訂《洛桑條約》（Treaty of Lausanne），將庫德斯坦分割給土耳其、伊拉克、伊朗與敘利亞四個國家。雖然當時我們的人口達到兩千五百萬人之譜，但瓜分的結果使得庫德人成為四個國家中的少數民族，此時可說是獨立建國夢碎，但從此也開始一百年多來艱辛的獨立抗爭之路。

漫漫獨立路

庫德族在中東地區居住超過三千年，是中東地區最古老民族之一。自西元八世紀以來庫德斯坦一直是阿拉伯地理學家指的底格里斯河和幼發拉底河的大面沖積平原，在歐洲則稱為美索不達米亞平原，大約是現今土耳其的東南部、伊朗西北部、伊拉克北部以及部分高加索地區，該區地處高山地區，交通不便，居民以游牧為主。庫德人自視為米迪人的後裔，從我們的國歌〈嘿，敵人〉（庫德語：ئەی ڕەقیب，Ey Reqîb）歌詞其中一句「我們是米迪和基亞克薩雷斯（Cyaxares）的子孫」中可見一斑。基亞克薩雷斯是古代西亞米迪王國的第四任君主，米迪王國是第一批統治伊朗高原的民族，但在西元前六世紀中期，米迪被波斯帝國征服。庫德族從未形成一個強有力的統一政權，過去都是四分五裂成各個部落國家各自管理，但也不斷遭致周邊的強族侵略征服，最先被波斯人征服，再來是希臘人與羅馬人的入侵。在歷史上庫德斯坦不曾被一個國家全部擁有過，而庫德族也一直未能建立一個統一的國家。

一二九九年，鄂圖曼土耳其帝國建立，隨著帝國領域不斷擴張，在十六世紀初與西亞另一霸權——波斯的薩菲王期展開了百年的領土爭奪戰爭。到了一六三九年，為了終結鄂圖曼與波斯薩菲王朝長期疆域之爭，兩國簽訂了《祖哈布條約》（Treaty of Zuhab），協議中美索不達米亞（包括巴格達）大部分由鄂圖曼帝國管轄。之後鄂圖曼帝國將現在的伊拉克地區分成三個州，分別是摩蘇爾州（Mosul）、巴格達州

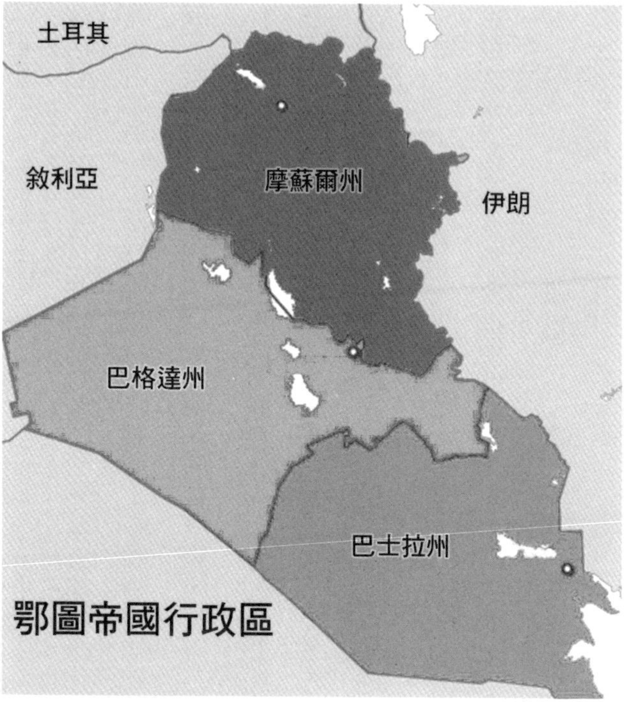

鄂圖曼帝國時期的伊拉克

（Baghdad）和巴士拉州（Basra），因此現今伊拉克的領土，在十六世紀至十七世紀期間就已經大致形成。

其後鄂圖曼帝國不斷擴大自己的領域，而美索不達米亞只是帝國控制範圍的一部分而已。二十世紀初爆發第一次世界大戰，來自印度的英印部隊於一九一四年十一月二十三日占領了伊拉克南部巴士拉，其目標是將巴格達與摩蘇爾全納入其帝國版圖之下，英國軍隊繼續將占領地推進到現在伊拉克的南部和北部。一九一七年三月十一日英國軍隊正式占領巴格達地區，最後在一九一八年進入摩蘇爾州，完全占領現在的伊拉克區域。英國占領伊拉克後將行政區重新劃分，摩蘇爾州初期被劃分為三個省分：摩蘇爾省、蘇萊曼尼亞省和基爾庫克省。這些省分都是庫德人占多數。

當時庫德人口估計約為六百萬人，是伊拉克總人口數的五分之一。蘇萊曼尼亞省幾乎百分之百全是庫德人，艾比爾則有百分之九十一是庫德人，基爾庫克省則有百分之五十六是庫德人；而摩蘇爾省也有百分之三十五是庫德人。[1]這些省分集中在伊拉克的東北地區，這些區域都是伊拉克最肥沃的土地。庫德人擁有農業和畜牧的資源可說是非常富饒，其重要性與油田不相上下。

英國的影響

一九一八年第一次世界大戰結束，身為同盟國的鄂圖曼帝國戰敗，與戰勝的協約國諸國各自訂定雙邊與三邊協議。在此情況下的鄂圖曼帝國可說是分崩離析，任由協約國瓜分領土劃定勢力範圍，例如國際聯盟（聯合國前身）讓法國託管敘利亞與黎巴嫩；當時的英國軍隊已經占領伊拉克，因此在國際聯盟允許下，讓英國託管美索不達米亞（即伊拉克）。當時庫德斯坦地區幾乎淪為英、法等協約國的半殖民地，而英國也承諾庫德人給予成立國家的機會。不過英國並無意履行承諾，反而屢屢以庫德族作為與伊拉克私下交涉的籌碼。於是庫德人在穆罕默德・哈菲德・札德（Mahmud Hafid Zadeh）的領導下，在一九一九年五月二十一日發動第一次武裝革命，庫德人驅逐英國軍隊，且逮捕軍隊中具有影響力的人，並宣布庫德政府獨立。雙方戰事激烈，庫德人不敵英國軍隊，敗下陣來的穆罕默德・哈菲德・札德被英軍逮捕，並被流放到印度。庫德人無法接受穆罕默德・哈菲德・札德的流放，仍持續與英國對抗達兩年之久。最後迫使英國同意穆罕默德・哈菲德・札德回到庫德斯坦，並任命為庫德斯坦南部的州長。[2]

之後協約國對西亞地區的干涉更變本加厲，鄂圖曼帝國蘇丹政府的積弱不振與國家領土遭列強瓜分割據，刺激了土耳其民族主義者的不滿，遂引發了一連串的民族主義運動。當中的領導人就是凱末爾將軍，後來被稱為「土耳其之父」。凱末爾在一九一九年發動革命，建立土耳其臨時政府，取代鄂圖曼蘇丹政府。而協約國為了削弱土耳其力量，避免其東山再起，在一九二〇年與鄂圖曼帝國簽署《色佛爾條約》（Treaty of Sèvres）。在條約中的第六十二、六十三、六十四條規定鄂圖曼帝國原來的領地摩蘇爾州（也就是現在的蘇萊曼尼亞、艾比爾、杜胡克跟基爾庫克等四個地區）中的庫德人擁有建立獨立政權的權利。但因為摩蘇爾州擁有大量的石油蘊藏量，如果讓其成為一個獨立的政治實體，而不被土耳其管轄，對土耳其的利益傷害太大，因此《色佛爾條約》並不被土耳其民族主義者接受。當時由凱末爾領導的「土耳其國民運動組織」（Turkish National Movement）拒絕接受此條約內容。

除了土耳其的抗議，當時的伊拉克王國指責英國煽動庫德人，鼓勵他們不要加入伊拉克而建立新的國家。因為英國想要利用摩蘇爾州的控制權迫使伊拉克王國與英國簽署長期條約，所以英國威脅伊拉克政府，若不簽署條約，英國將支持庫德人拒絕加入伊拉克，並協助其建國，而這也意味著整個摩蘇爾州可能變成土耳其的一部分。伊拉克為了讓摩蘇爾州成為自己的一部分，也希望英國支持其獨立，因此在英國的脅迫下，在一九二二年簽署《英伊條約》（Anglo-Iraqi Treaty），摩蘇爾州問題終於解決並歸伊拉克管轄。

另一方面，由於土耳其民族主義者的激烈反抗，一九二二年，土耳其擊敗了協約國軍隊，土耳其共和國正式成立。協約國與土耳其終於在一九二三年七月二十四日在瑞士洛桑簽訂了《洛桑條約》，這也宣告了《色佛爾條約》成為一張廢紙。在土耳其新政府的眼中，庫德人根本就不存在，「所謂的庫德人」就只是山上的土耳其人而已。按照《洛桑條約》規定，庫德斯坦被分割給土耳其、英屬伊拉克及法屬敘利亞等三國，再加上十六世紀就屬於伊朗的部分，庫德族被分割成四塊，分屬四個國家，成為這四個國家中的少數民族，較過去更支離破碎，庫德人獨立建國更加無望。英國在這過程中，完全否定庫德人的發言權，並撤回庫德人可以成為獨立國家的承諾。一九二四年穆罕默德．哈菲德．札德結束了州長的任期。

庫德族是中東第四大族群，人口在阿拉伯人、土耳其人與波斯人之後，與這些歷史悠久民族一樣，庫德人有自己的文化傳統與語言體系，而且文化發展不亞於這些族群，但眼看阿拉伯人、土耳其人與波斯人在一次與二次世界大戰後紛紛獨立建國，自己反而四分五裂，成為他國的少數族群，埋下整個民族近百年來被各國打壓與宰制的命運。如何擺脫這個枷鎖？唯有讓民族走向獨立建國，這是庫德族百年來最大的歷史使命。

伊拉克庫德人血淚斑斑爭取獨立

一九二〇年，英國藉國聯之名託管伊拉克地區，直至一九三二年伊拉克王國獨立，當時為君主國家，統治者為哈希姆王朝（House of Hashim）。之後具有社會主義色彩的「阿拉伯復興社會黨」（Arab Socialist Baʻath Party，簡稱復興黨）高舉團結阿拉伯民族的大旗，將親西方的哈希姆王朝推翻，在一九五八年七月十四日成立伊拉克共和國。當時的《臨時憲法》第二條規定，伊拉克的土地是阿拉伯人和庫德人所共同擁有的，這條憲法證明了阿拉伯人和庫德人是共同擁有伊拉克的。不過事實證明，該憲法條文形同具文，伊拉克政府不公平對待庫德人民的情況並沒有得到改善，甚至是每況愈下。[3]

一九五八年伊拉克君主制被推翻後，一直到一九六三年阿卜杜・塞拉姆・阿里夫（Abdul Salam Arif）政權上台後，當時伊拉克政府提出「地方分權」（Decentralization law）的新法律來解決庫德問題。這項法律背後的想法是讓庫德地區政府有行政權和地方事務的裁量權，外交、國防和金融仍然是中央政府掌權。但是這個法律案並無法滿足庫德人。

一九六四年，庫德斯坦民主黨（Kurdistan Democratic Party，簡稱ＫＤＰ或庫民黨）領袖穆斯塔法・巴爾札尼（**Mustafa Barzani**）對伊拉克政府提出了一份要求，不僅要求庫德自我管理，釋放政治犯，並可以在伊拉克庫德斯坦組織自己的軍隊，部分首長任命由庫德人擔任。當然，這要求沒有得到伊拉克政府的回應，因此在一九六五年後，庫德人和伊拉克政府之間的抗爭持續發生。[4]

一九六六年，當時的伊拉克總理阿卜杜勒・拉赫曼・巴札茲（**Abdal-Rahman al-Bazzaz**）公開宣布一個新的選項可以滿足多數庫德人的要求，且不需要自治政府：包含承認庫德人與阿拉伯人一樣被公平對待並有一樣的權利，可以使用庫德語言跟文字、學校採用庫德語言教學、施行自己的文化。但這些政策在還沒有全部被實現前，巴札茲就下台了，因此庫德地區繼續處於不穩定的狀態。[5]

一九六八年七月十七日，伊拉克政府發生白色革命，「阿拉伯復興社會黨」推翻伊拉克政府，由艾哈邁德・哈桑・巴克爾（**Ahmed Hassan al-Bakr**）和他的副手海珊（**Saddam Hussein**）上台執政。因為復興黨剛上台，政府還不穩定，但是庫德族運動反抗激烈，復興黨為了穩定庫德族，跟庫德族在一九七〇年三月十一日簽署「伊拉克庫德自治協定」（Iraqi–Kurdish Autonomy Agreement），這個協定是庫德人重要歷史事件之一，庫德族有許多權利以及自治區得到承認。為了慶祝這個重大突破，從簽署當日開始，伊拉克與庫德人一起放了三天假。當時伊拉克總統偕同副總統海珊與庫德斯坦民主黨領導們見面，見面當時人民夾道歡迎。許多庫德地區民眾也辦慶祝活動，庫德人都認為兩邊衝突有機會解決，這是伊拉克政府與庫德族的關係最好的時候。但很快的，庫德人發現伊拉克根本沒有兌現這個承諾的誠意。

在這個協定裡自治區包含三個庫德省分與其他鄰近庫德人占多數的地區所組成，並確立四年期限要完成自治相關立法。伊拉克政府還答應將此協定內容中有關庫德族的權利納入法律規定裡，這個承諾讓庫德人感受到他們真的是伊拉克國家的一部分，可說是伊拉克與庫德族之間政治爭議得到解決的最佳方案。此外協定還包括了幾項改革措施，其中最重要的是：庫德語為庫德人居住地區的官方語言、庫德人可參與政府和公務員制度、庫德人擔任共和國的副總統，以及整合庫德人占多數的地區，讓他們在同一個自治政府之下統一管理。[6]

不過這項協定一直未被兌現，伊拉克政府對這個承諾一直採取拖延忽視的態度。庫德人眼見過去以來可以獨立建國的機會，一再被欺騙，不只是伊拉克政府，也包括之前的英國。已經經歷過英國政府的欺騙，再面對伊拉克政府的無視，擁有敢死隊的庫德族已經無法再忍受，終於在一九七四年三月與伊拉克爆發第二次戰爭，經過近一年的戰爭，伊拉克部隊包圍庫德斯坦民主黨的軍隊。庫德斯坦民主黨在伊朗的支持下，讓伊拉克遲遲無法解決戰事。

但伊朗對庫德人的支持無非是對伊拉克的報復而已，並不是衷心希望庫德獨立。伊拉克與伊朗長期因為邊境的問題，時有衝突，對伊朗而言，支持庫德族，只是多了一個可以掣肘伊拉克的幫手而已。為解決兩伊在邊境的爭端，伊朗與伊拉克在一九七五年三月簽訂《阿爾及爾協議》（Algiers Agreement），伊朗利用此協定，放棄對庫德人的支持，換取到伊拉克對於邊境問題的讓步；伊拉克也達到結束庫德人反叛的目的。也因此協定簽訂後，等於瓦解了伊拉克庫德斯坦武裝運動，武裝人員及其領導人向伊拉克政府投降。一九七五年後庫德的領導宣布武裝戰鬥結束，庫德斯坦民主黨軍隊解散。[7]

其他各國與庫德族獨立問題

《洛桑條約》取消了庫德族自治的權利，反將其劃分納入伊拉克、土耳其與敘利亞等國。這雖然滿足了這些國家的要求，但同樣地，庫德人的問題也變成這些國家內政的問題。又因為各國的庫德族聲氣相通，這些內政問題，往往又成為外交問題，如同前面提到的兩伊衝突，一旦伊拉克的庫德人與伊朗結合，則伊拉克腹背受敵。類似情形，一再發生。像近年來最大的國際衝突事件，也就是二〇一九年美國川普政府為履行選舉政見，將美軍自敘利亞撤出，而在敘利亞的庫德族民兵，長期以來被土耳其政府視其為國內分離主義政黨「庫德斯坦工人黨」（Kurdistan Worker's Party，簡稱PKK）的分支，當這些庫德民兵一旦失去美軍的保護罩，馬上變成土耳其的俎上肉。這些庫德民兵過去與美國合作打擊伊斯蘭國，在遭到美國的背叛後，也警告土耳其的入侵行動將導致伊斯蘭國捲土重來。而川普的決定在國內也引發兩黨，包括自己的政黨共和黨的反對。面對這樣錯綜複雜的關係，若沒有長期涉足中東事務並深入了解，做出的決策將使問題更形治絲益棼，川普總統的撤兵決策則是一個顯例。因此下面大致介紹庫德人在土耳其、伊朗與敘利亞的處境，與該國政府的關係以及對外關係的影響，俾利讀者有初步的瞭解。

（一）土耳其庫德族——武力抗爭的工人黨

庫德族一直是土耳其政府最大的問題之一。一九二三年的《洛桑條約》一方面粉碎了庫德族獨立建國的夢想，另一方面也建立了「土耳其共和國」，成了國際社會認可的鄂圖曼帝國的繼承國。而自共和國首任總統穆斯塔法．凱末爾．阿塔圖克（Mustafa Kemal Atatürk，當中 Atatürk 是土耳其國會賜予凱末爾的姓，在土耳其語「Ata」就是父親，「Atatürk」是「土耳其人之父」之意）領導開始，就從來不承認庫德族是境內的第二大民族，他們只稱庫德族為「住在山上的土耳其人」。

土耳其對庫德族的漠視，導致庫德人激烈的反抗。一九二五年即爆發第一次庫德武裝運動，隨後在一九二七年於庫德族的小城市亞拉拉決定獨立，也是第一個庫德族表達想要獨立的意願，土耳其政府軍因此與庫德族軍隊爆發激烈戰爭。[8]最後庫德反抗軍被壓制，亞拉拉共和（Republic of Ararat）解散，後人稱此次起義為亞拉拉運動（Ararat rebellion）。但是庫德獨立運動仍然沒有停止，一九三七年爆發德爾西姆運動（Dersim rebellion），起因是札札人（庫德人當中的少數族群，其語言與庫德人略有不同，受土語影響較深，土耳其政府因此會拉攏札札人反抗庫德族人）反對土耳其政府土耳其化政策，導致土耳其政府在一九三七至三八年間對其東部的庫德與札札人採取軍事空襲行動的大屠殺。

由於土耳其政府對庫德族的反抗運動一直都是以武力血腥鎮壓，也促使「庫德斯坦工人黨」在一九七八年成立，該黨不但是一個政黨，也是一個武裝團體，成立的目的就是建立一個獨立的庫德族國家，有自己的文化與語言，且為了達到這個目的不惜使用軍事武力抗爭。自此土耳其政府與庫德斯坦工人黨的衝突不斷，直到一九九一年，才終於有一點改善，但也只是迫使土耳其政府承認境內有庫德族的存在而已。但土耳其政府對庫德族的打壓仍是不手軟，甚至擴及其他國家的庫德族，例如二〇一八年還打擊敘利亞庫德族政黨人民保護部隊，和在伊拉克庫德族自治區的庫德斯坦工人黨等，目的是阻止他們與鄰國庫德族聯結獨立運動。

（二）伊朗庫德族——短暫的馬哈巴德共和國

庫德族與伊朗的衝突開始於一九四五年由卡齊・穆罕默德（Qazi Muhammad）成立的「伊朗庫德斯坦民主黨」（Democratic Party of Iranian Kurdistan，簡稱ＰＤＫＩ），並宣布在伊朗庫德斯坦北部與首都馬哈巴德（Mahabad）建立「馬哈巴德共和國」（Republic of Mahabad）。當時蘇聯為了反對支持納粹主義的伊朗總統穆罕默德—李查・巴勒維（Mohammad Reza Pahlavi），而去支持只占有庫德領土百分之三十的馬哈巴德共和國。一九四六年，因為伊朗總統巴勒維與美國關係良好，美國向聯合國抗議反對蘇聯介入伊朗內政，因此馬哈巴德共和國只存在十一個月，[9]並將共和國總統卡齊．穆罕默德及其數百名同伴及追隨者公開處決。伊斯蘭革命之後，一九七九年建立伊朗共和國，伊朗政府繼續打擊在伊朗庫德地區的政治運動並公開處決反叛分子，只為了打壓庫德獨立運動的力量，直到現在。[10]

（三）敘利亞庫德族——一場足球賽引爆的衝突

與其他三個國家相比，敘利亞政府對庫德族較為同情，對其權益也較為保障，主要是過去敘利亞與土耳其關係不佳，給了庫德族方便，等於是讓土耳其難堪。例如一九二五年在土耳其爆發的庫德武裝行動，數千名土耳其庫德族難民逃到敘利亞，敘利亞政府為了保護這些難民，還給予這些難民土地耕作，並讓其定居下來。由於敘利亞政府不希望與庫德人有任何衝突，因此庫德人享有參政權，有不少庫德人在政府內擔任重要職位。不過這樣和諧的關係持續到一九九八年，敘利亞政府與土耳其政府簽訂《阿達納協議》（Adana Agreement），內容主要是不允許土耳其的庫德斯坦工人黨進入敘利亞並從事任何相關的政治活動，此協議簽訂後，敘利亞政府與敘利亞庫德人的關係開始產生質變。

雙方最大的衝突則是發生在二〇〇四年三月十二日一場職業的足球比賽，這場足球比賽的客隊是阿拉伯球隊，而主場是庫德族的球隊。比賽當時庫德人拿出庫德國旗在場上揮舞，阿拉伯人則拿出海珊照片來激怒庫德球迷，引發雙方的不滿並造成重大的群眾衝突。敘利亞警察進場維持秩序，但被逮捕的卻多是庫德人，讓庫德人不滿並走上街頭抗議，高呼口號譴責敘利亞政府，並破壞前敘利亞總統哈菲茲・阿薩德（Hafiz Assad）的雕像。眼見抗議情勢越來越失控，敘利亞安全部隊進行干預，驅散示威者且逮捕大量庫德人。有些庫德人甚至被殺害，造成許多庫德人逃往鄰近的伊拉克庫德自治區，這整起事件稱為「卡米什利事件」（Qamishli riot）。

後來敘利亞政府與庫德人展開談判且讓事件落幕解決。二〇一一年，敘利亞爆發內戰，在國家混亂中庫德人占領的部分地區成立自治區，但敘利亞政府迄今不承認該自治區的存在。

團結的庫德族

一九二三年七月二十四日簽訂的《洛桑條約》硬生生地將庫德人分割給四個國家，經過近百年來的分離分治，很多台灣人都會好奇這四個國家的庫德人會不會因此彼此疏離或是以鄰為壑。我想台灣人會有這樣的想法，大概源自於華人文化圈生活的經驗。華人經過數百年來的遷移與殖民，已在世界各地，特別是在東南亞各國落地生根，並以此為基礎衍生出融合當地的次文化與各自的認同。雖然不同社會的華人在語言上仍保有很大程度的共通性，但在文化價值觀上就逐漸產生歧異，例如台灣人看新加坡的中文，就覺得不夠優美，而新加坡的華人也認為台灣不夠國際化等等。但庫德人的分離是被迫的，臣服於各國是非自願的，不論是在哪一國的庫德族，仍然努力地保留著自己的文化、傳統與民族性。就算是在伊朗的庫德女性，縱然她必須包著頭巾，但若遇到節慶場合，她仍然會高興地翩然起舞。又譬如，在二〇〇二年八月前，土耳其全面禁止使用庫德語，但禁令解除後，土耳其庫德人馬上恢復使用庫德語。這些在各國的庫德人都是我們的同胞，我們彼此體諒寄人籬下的痛苦，並不會區分彼此或認為有差別。在我們眼中這只是暫時分離，一旦有獨立的機會，我們終將會回歸團圓在一起。

第四章

海珊政權下的生活回憶

如同世界上所有的獨裁政權一樣，薩達姆．海珊在位時（一九七九年七月十六日至二〇〇三年四月九日）的伊拉克，其領導的伊拉克復興黨掌控國家所有資源。該黨黨員雖只占全國人口百分之八，卻攫取了國家絕大多數的政治資源與利益，所有國家的重要職位，小至小學校長，都非黨員不可。因此在伊拉克，我們有一句朗朗上口的俗諺：「加入政黨，就可以過上好日子。」

警察國家
——伊拉克的白色恐怖（一九七九至二〇〇三年）

為了鞏固政權，海珊建立了龐大的秘密警察系統全面監視國民言行，整個國家都在他滴水不漏的嚴密監控之下。海珊政府對於異己的打壓毫不留情，不只是庫德族，就連同種族的阿拉伯人，也會因為隸屬不同教派而面對相同的處境。伊斯蘭教下有兩大派別，一是遜尼派，另一個是什葉派。這兩大派別因為對教義詮釋不同而爭鬥了一千四百年。在全球穆斯林人口中，大約百分之十到十三是什葉派，百分之八十七到九十是遜尼派，但在伊拉克卻是什葉派人口占多數，約占人口六成，且多居住在南部。屬於遜尼派的海珊，雖是少數，卻靠著恐怖的手段，狠狠地壓制著什葉派。諷刺的是，庫德族與海珊同樣是遜尼派。

海珊對付異己的手段極不人道，駭人聽聞。根據世界人權組織的報告，從他上台的一九七九年秋天到二〇〇三年共二十四年間，由政府授意、批准的處決、酷刑和強姦行為不計其數，更不用說數次對庫德族大規模的種族屠殺。海珊的統治就如世界上所有的極權國家一樣，組織龐大的秘密警察系統，隨時對人民監視，蒐集資料，打擊異議人士。這種天羅地網似的政治偵防，搞得人人自危。人民在公共場合不敢談論政治，提到海珊，都必須在他的名字前面或後面加上一連串讚美的詞，例如「偉大的領袖」海珊，或者是海珊「我們最敬愛的人」等等。這種洗腦的手段，較諸現代國家中，大概只有北韓可堪比擬。因此人民在公共場所根本不敢妄議時政，就連在自己家談到政治，也都小心翼翼。小時候在家中談論政治，父親都會再三告誡「談政治要小聲」，就怕隔牆有耳，被人打小報告。時至今日，許多老一輩的人半夜聽到急促的敲門聲，還是驚恐萬分，因為他們對於海珊時代，隨時破門而入抓人的恐懼至今揮之不去。海珊政府打壓人權可說是無孔不入，就連運動員也不放過；國家足球隊員阿邁德‧拉迪（Ahmed Radhi）曾說，如果出國比賽成績不好，回到母國後半夜會被帶走。這種情形總共發生六次，其中兩次是被毒打，四次是被抓去監獄剃光頭等等。

海珊在人民的思想控制上，更是淋漓盡致。全國唯二的兩家電視台，整天都是對海珊的歌功頌德。伊拉克媒體的最主要功能就是幫政府做宣傳，任何對政府的批評都是完全不被允許的。我們從小學起，各級學校教科書的第一頁就印著大大的海珊肖像。諷刺的是，也因為有海珊肖像，學生也就不敢毀損課本，所以到現在我的書本中大概也只有教科書保存得最好。每當有活動，同學們都必須在左胸前別上海珊肖像徽章，為什麼要別在左胸？因為那離心臟最近，表示我們的心中有海珊。另外，每週五學校都有升旗典禮，學生對著國旗敬禮唱國歌。不過當我跟台灣友人提到這件事時，他們都一副有什麼了不起的反應，他們說台灣在解嚴前，每天一大早都有升旗典禮，都要唱國歌與國旗歌，而且不只在學校唱，在戲院看電影前也要唱！相形之下，就顯得我大驚小怪了些。每次與台灣的朋友聊到求學時代被政府洗腦的種種經歷，大家都能心領神會莞爾一笑，聊著聊著就好像在比賽誰日子過得比較荒謬一樣。不過，我們今天能夠這樣無所畏懼地談論過去被壓迫的種種，真的值得哈哈大笑。也唯有透過這樣的對話，我才能稍稍體會到台灣人是真的可以理解庫德人的苦難，因為只有經歷過威權獨裁的統治，才能知道那種恐懼的氛圍。但比庫德人幸運的是，台灣從威權轉型到民主的過程是和平寧靜的，庫德人爭取民主的過程則是一場場的戰爭。

無論海珊多麼努力對庫德人洗腦，但他的暴行就像一把銳利的刀狠狠插進族人的胸口，那個傷口是永遠無法癒合的。庫德人的順從只是因為恐懼，但對海珊的痛恨是日復一日越來越深刻，我們只是在等待機會推翻他。最無奈的是，伊拉克法律規定，年滿十八歲的男子，都必須服兵役，因此庫德人再怎麼不願意，都必須被徵召服兵役，幫伊拉克打戰。海珊領導下的伊拉克是窮兵黷武的國家，長年征戰，像打了八年的兩伊戰爭與出兵科威特。庫德人再怎麼心不甘情不願，仍必須服役，也因此逃兵很多，當然被抓回來也必定受到很嚴厲的處罰。海珊政府也知道這個情形，所以往往將南方庫德人調到北方當兵，北方的就調到南方，讓庫德士兵在陌生的環境下，不容易逃跑。但是縱然知道逃兵被捉到的處罰嚴厲，許多庫德人還是寧願付出代價逃兵。

兩伊戰爭

——在空襲警報中長大（一九八〇至一九八八年）

談到戰爭，我印象最深刻的是兩伊戰爭。雖然戰爭已經結束了三十多年，但是到現在，甚至在台灣生活這麼多年後，每當想起兩伊戰爭，我的腦海裡還是會浮現當時警報的聲響。那時警報發出的長長緊緊的嗚叫聲，我想我這輩子都忘不了。我出生於一九八一年，那是兩伊戰爭開打後的第二年，我的家鄉蘇萊曼尼亞在伊拉克的東北方，緊鄰著伊朗，近到兩伊在激烈交戰時，天空常常會落下炸彈。

我是家中最小的孩子，上面有三個哥哥跟一個姊姊。兩伊戰爭打了八年，涵蓋我從出生到上小學一年級的期間。在那個時候，因為戰爭帶來的危險的緣故，大部分家庭的小孩都不去上課了，但我的父母還是堅持讓我們上學。伊拉克的學制跟台灣一樣，小朋友都是從六歲開始上小學，所以在一九八七年我六歲時，開始上一年級。因為年紀小，每天早上都是母親帶著我跟姊姊上學，哥哥們則是自己去學校。那時候隨時會有空襲警報，往往在警報鳴聲大作的同時，炸彈就伴隨落下，有時發生在深夜，有時在白天上課時。當時我還小，不瞭解為何媽媽還是堅持讓我們正常上學，而且在安全允許的狀況下一定要去上課，長大後才理解父母的用心。因為戰爭實在是打太久了，久到沒人相信會有結束的一天，人何時會被炸死也無法預測，與其每天惴惴不安，不知所終，倒不如將一切交給阿拉。因此，父母希望我們盡量盡到做學生的本分，不要因為戰爭而藉口不去上課。就這樣我與我的兄姊每天如常上課，即使隨時可能被炸死，也要勇敢面對生活。我還記得空襲警報響起時，如果我們在學校，老師會帶著學生躲到地下室；地下室裡擠滿了學生與老師，在陰暗的空間中常常會聽到同學們害怕的哭聲，其實老師們也是非常害怕的。空襲更嚴重的時候，媽媽就會跑到學校來接我們。記得有一次，媽媽到學校帶我們姊弟回家，一路上爆炸聲不斷，有時感覺炸彈落下的地方就好像在附近。我年紀小，還不知害怕，但看到媽媽哭泣的眼淚，我才感到害怕。電視跟學校常常宣導，如果遇到炸彈在附近一定要緊貼地面，這樣對身體的影響會最小。那時媽媽帶著姊姊與我，三人一路上躲躲跑跑，又不時趴在路上，就這樣跑回家裡。

躲炸彈的生活還不是最恐怖的。一九八八年三月，海珊使用毒氣攻擊庫德城市哈拉布賈，造成數千人立即死亡，才最駭人聽聞。不過當時的伊拉克電視台與報紙媒體都說這個毒氣攻擊事件是伊朗主導的，很久之後我們才知道這也是海珊一手策劃的。哈拉布賈毒氣攻擊造成的傷亡讓所有的庫德人嚇壞了，因此在兩伊戰爭的後期我們不只要躲炸彈，更害怕毒氣的攻擊。在這之後，媽媽在家裡隨時準備濕毛巾，只要聽到些微爆炸聲就馬上用濕毛巾摀住口鼻，就是為了預防毒氣，因為毒氣不像炸彈那樣可以讓人聽聲辨位、有所警覺，它讓人無從察覺，在無聲無息中造成大量傷亡。

那時候我們只能透過電視報導知道戰爭的情形，也不知戰爭何時可以結束。有一天，電視突然就報導兩伊停戰了，那應該是全國人民最開心的一天，因為這場戰爭打得實在太久了，沒有人想到會有停戰的一天。我記得隔壁鄰居有輛巴士，他還帶很多鄰居一起去看煙火，大家都走上街頭開心地唱歌跳舞。現在回想，兩伊交戰八年來，一場又一場的炸彈攻擊，真的要很多的幸運才能活得下來。我家現在有一個用石頭砌成、極為堅固的地下室，也是那時候為了躲避砲彈所蓋的。有些台灣朋友都會問我在戰爭下的日子如何生活，其實我跟我們家人還是一樣去上學、去工作，我出生後幾乎就是在戰爭下生活著。兩伊戰爭打了八年，小時候的我躲警報、躲空襲就是日常生活的一部分，要說會感到什麼痛苦危險，那也早就習慣了。但因為有這些在戰爭下生活的經歷，讓我們更珍惜現在擁有和平的日子。我想這是長久生活在和平安全之中的台灣人難以感受到的。未來的每一個日子，我願意付出我所有的努力去維持自治區的和平。

安法爾大屠殺
——堪比納粹暴行的種族滅絕（一九八六至一九八八年）

庫德人在歷史上曾遭受過數次種族滅絕的殺戮事件，但是都沒有一九八六年由海珊發起的安法爾行動這麼大規模、有計畫性的屠殺影響深遠，尤其當中還包括了哈拉布賈毒氣攻擊事件。這次的攻擊在短短的時間內即造成大量的死亡，而其他存活下來的人，有一部分在之後也紛紛發病身亡。這種人如螻蟻、命如草芥般朝不保夕的日子，更讓庫德人亟欲掌握自己的命運，堅決朝獨立建國之路邁進。

「安法爾行動」是一項有系統地消滅伊拉克庫德人的計畫，發生的主因有三：一是海珊要將伊拉克主要產油區基爾庫克阿拉伯化；基爾庫克是伊拉克北部的中心城市，附近石油儲量豐富，其居民大多數是庫德人。海珊為了控制這個城市，多年來大量移入阿拉伯人以取代庫德人對該區的主控權。二是宗教純粹化，庫德人雖是穆斯林，但在伊拉克阿拉伯人眼中，庫德人並非回教徒，因為他們認為庫德人的信仰不如他們嚴謹，例如庫德族的女性鮮少蒙面紗，所以阿拉伯人也不與庫德族通婚。第三則是為對付庫德族「敢死隊」（Peshmerga）。Peshmerga一詞曾被翻譯為「自由鬥士」，但其真正的意思是面對死亡的人，因此敢死隊反而是較為貼切的譯名。

「安法爾行動」由海珊的表弟阿里．哈桑．馬吉德（Ali Hassan al-Majid）負責執行，他因酷愛使用化學武器，而有「化學阿里」的綽號。而「安法爾」（Al Anfal）一字，取自《古蘭經》裡的Suratal-Anfal，Al Anfal字面意思是「戰利品」。海珊政府用「戰利品」來定義這項種族滅絕的軍事行動，其意昭然若揭，將屠戮庫德人視為戰爭的禮物。後來透過當時伊拉克政府留下的文件，證明了海珊政權對庫德人種族滅絕的意圖。一般估計，在安法爾行動中死亡的平民人數約從五萬到十八萬兩千人之間；[1]摧毀近四千六百多個村落、一千七百多所學校、兩百七十間醫院、將近兩千五百座清真寺，遺留下許多寡婦和大量的孤兒。這些數據並非空穴來風、人云亦云，而是確確實實地被大量記錄在伊拉克政府的文件檔案中，提供了一個法律上最強烈而且毫不含糊的種族滅絕屠殺證據。[2]不過當時的伊拉克人很少人知道安法爾事件，因為國內的媒體不可能會報導這些消息，人民就算知道也不敢公開談論。

在安法爾行動中，庫德族有反抗能力的男人和男孩大多數被逮捕，他們被運送到大墳墓前，被大規模地槍決；事實上，不只是男人，就連婦女和兒童也可能被處決。他們被綁在一起、遭到槍殺，再活埋入萬人塚。除了這種直接行刑的殺戮，喜歡使用化學武器的馬吉德也多次以化武襲擊城鎮和村莊。而在全部受害者中，估計有七成是男性，年齡約在十五至七十歲。伊拉克法律原本規定不可逮捕十八歲以下的公民，安法爾行動中為了逮捕十五歲的男孩，甚至竄改他們的出生年分。[3]這些指控資料都是來自於伊拉克政府安全部隊（Iraqi security forces），而這也是伊拉克眾所周知的事。後來每一處萬人塚被發現，都是令人心碎的時刻。當生還者或是親人看到沙地中出現熟悉的衣物，都不禁癱軟跪地大哭，那個時刻猶如人間煉獄。這些萬人塚不知還有多少，縱然在海珊被推翻後的十六、七年間，還是陸陸續續被發現。當時這些大規模的屠殺都是將人帶去人煙稀少的沙漠活埋。活埋的地點因風勢一吹，原有的地形就會被改變，所以後來確切地點很難再被找到，只能隨著時間流逝，等待風勢改變地形，使過去掩埋屍體的萬人塚重見天日。今天的伊拉克南部沙漠常常會發現當時的萬人塚，最近一次則是在二〇一九年七月二十三日。隨著所有可怕的細節一一浮現，「安法爾行動」這個代表種族大屠殺的意象就像納粹針對猶太人發動的大屠殺一樣，已經深深烙印在庫德人民心中。

安法爾事件的檔案最後被移交給伊拉克最高刑事法院。二〇〇六年八月二十一日，第一起安法爾案件在巴格達法院公開審判。[4]法院就安法爾案件做出了決定性的判決，其罪行被定義為滅絕種族罪。歐洲則是到二〇一二年十二月五日在瑞典、挪威和英國正式承認安法爾行動為種族滅絕屠殺。瑞典議會（Riksdag）三百四十九名議員全員通過綠黨提出的一項決議，正式承認安法爾屠殺為種族滅絕行為。二〇一三年二月二十八日，英國下議院也正式承認安法爾屠殺為種族滅絕行為。安法爾的屠殺事件終於被國際認證為種族滅絕行為，伊拉克政府必須對這件事負起責任。[5]

哈拉布賈化學攻擊——二戰以來最慘的化武屠殺（一九八八）

「剎那間，空氣中突然瀰漫著蘋果香香的甜味……」許多哈拉布賈化學攻擊的倖存者回憶起當時的狀況，都異口同聲地說出這個恐怖的化學攻擊竟是以這麼甜美的味道包裝著。自從發生哈拉布賈事件後，庫德人家家戶戶都開始自製防毒面罩，母親們會將煤炭磨碎成小粉末，將這些碳粉塞在布裡，再縫製成一個個面罩。很多年家裡都備有這種自家手工製作的面罩，就怕哈拉布賈事件再度發生。

哈拉布賈是伊拉克庫德斯坦的一個城市，坐落於兩伊邊境上。兩伊戰爭期間，伊拉克政府宣稱哈拉布賈庫德人支持伊朗，協助伊朗軍隊進駐庫德區，因此在戰爭快結束前對哈拉布賈進行化學攻擊。從一九八八年三月十六日至十七日，短短不到兩天內，居民因化學毒氣攻擊，死亡人數高達五千五百人左右，受傷人數多達七千至一萬人，其中大多數是平民與小孩，還有家禽動物等等；更有成千上萬的居民在化學攻擊後的一年內死亡，或是併發其他疾病，以及生出缺陷的新生兒。這些化學攻擊的後遺症迄今仍影響著當地。[6]不過時至今日，海珊政府的所有官員仍否認是其所為。

在哈拉布賈遭受毒氣屠殺時，因為海珊的刻意隱瞞，加上其控制下的媒體都宣稱是伊朗政府所為，所以當時我們只能透過口耳相傳與地下媒體得知這個悲慘的消息，但一直不能一窺全貌，也不知道實際的傷亡情形。直到自治區成立後，我們才能藉由當時伊朗媒體拍攝的紀錄片與報導，逐漸瞭解當時的慘況。從這些影片中，可以看到當時哈拉布賈街道上屍橫遍野，而且都是平民，男女老少都有。很多幼童，就像之前提到橫屍在沙灘上的敘利亞小男孩艾倫一樣，圓滾可愛的身軀一具具地橫臥在街道上，他們的面容那麼安詳，可見是在毫無防備下死去。因為死亡的人太多了，他們的屍體最後就像貨物般，橫七豎八地交疊在卡車後斗上被運走。人的生命在此猶如草芥般的被對待，每個鏡頭是那麼真實又殘酷，讓每個看到影片的庫德人無不捶胸頓足、嚎啕大哭。

在毒氣攻擊當時，也有許多人倉皇逃到伊朗，一些父母不在身邊的庫德小孩在匆忙中被送到伊朗安置。這些小孩後來多數被伊朗人收養，直到他們長大後，有些人被告知身世，才紛紛回到伊拉克尋親。自治區的電視台後來製作一系列的紀錄片，像哈拉布賈倖存者阿哈邁德（Zmnako Muhammad Ahmad）逃難時才三個月大，他後來被一位伊朗的守寡護理師收養，長大後知道自己身世，最後透過一間在英國的DNA檢測機構，找到了伊拉克親生父母，一家人才得以團聚。當電視鏡頭隨著阿哈邁德回到哈拉布賈龐大的紀念墓園中，探訪當時他父母為他樹立的墓碑時，高空鏡頭下的他被數以千計的白色墓碑包圍著。他站在寫著自己名字的墓碑前，顯得特別孤單，不過他是幸運的，可以活下來。而阿哈邁德的墓碑沒有因為他的生還而移除，它仍然矗立在原地，與眾多當時受難的同胞在一起，共同見證著這樁近代人類歷史上最大的罪行，唯一不同的是他的墓碑上重新用綠色的顏料寫上他的名字，表示是倖存者。阿哈邁德現在成為一位反對化學武器的運動人士。透過英國這個DNA機構的檢測，許多當時逃到伊朗的小孩，有的也找到自己的親生家庭，不過還有更多的家庭等待著未來的檢測，等著奇蹟出現。

後來庫德自治區政府在哈拉布賈成立紀念館，紀念當時罹難的庫德同胞。當年的倖存者奧馬德（Omed）現在擔任導覽員，如今的他耳聰目明，可以滔滔不絕地向參訪者說明當年發生的慘狀。然而，事件發生時他年僅十四歲，他的父母與兄弟姊妹在當下全都死了，而他的雙眼也因為毒氣失明。他一人伴隨家人的屍體，直到三天後才被伊朗人送到醫院治救治，半年後眼睛才恢復光明。我在大學時認識的好朋友歐默（Dana Omer），一九八二年出生在哈拉布賈，他說他在五歲的時候遭受生化武器攻擊，雖然幸運存活下來，但是當時的傷害卻一直無法恢復，受損的肺部讓他每天呼吸都不舒服。後來他輾轉到德國治療，但依然回天乏術，二〇一七年病逝於德國，死時才三十五歲。很多當年存活下來的人也都過著痛苦的生活而慢慢死去，這就是生化武器帶來的傷害。

哈拉布賈事件是庫德民族最椎心刺骨的傷痛。每年到了三月十六日這天，庫德政府都會在哈拉布賈舉辦紀念大會，追思這些受難的同胞，撫慰遺族。而這些受害者與孤兒們後來也組織了「哈拉布賈受害者協會」（Halabja Victims Society），目的是繼續關懷受災者，並支持終止使用化學武器和倡導世界和平。除此之外，協會也追究造成這個自二次世界大戰以來最大的化學武器襲擊的肇事者；他們不只指控當時的海珊政府，還對當時販賣化學武器的歐洲公司進行訴訟。

「種族滅絕」在國際法中的定義，是針對某一特定群體做一致的報復或懲罰的行為。在二十世紀八〇年代，海珊政府對庫德族進行了「安法爾行動」，這可說是人類歷史上最惡名昭彰的種族滅絕行動；再加上「哈拉布賈化學攻擊」這個人類最大的化學武器傷害事件，庫德人民心中對伊拉克這個政權充滿了憤怒不言而喻，想要早日脫離，奔向自由的心已經控制不住，伺機而動。

第五章

起義與自治區政府的成立

在起義那段時間，幾乎每個庫德家庭都有成員參加革命，或是失去親人。我叔叔的小孩在逃難時失散，再找到時，小小的身體幾乎都被野狗吃掉了，只剩下衣服。我的姨丈在抗議海珊的示威活動中，也被開槍射殺。我的大學同學禾苒（Hozan Faredwn）告訴我，當時她的父親跟他們兄弟姊妹一一擁抱，只說要離開家裡一陣子，並叮嚀禾苒要好好照顧弟弟妹妹，並沒有說要去哪裡或做什麼。她與父親擁抱時感覺到父親的胸前有一個硬硬的東西，後來她才知道，父親西裝裡是一把手槍，他準備參加革命起義，當時的擁抱就是在跟他們道別，怕是以後不會再回來。那時的她才十歲，就已經感受到生離死別的悲傷……

波斯灣戰爭敲響起義的鐘聲（一九九〇年）

打了八年的兩伊戰爭終於在一九八八年結束。長年的戰爭造成國內經濟嚴重衰敗，即使停火了，正常的生活一時仍難以恢復。但戰後才兩年，伊拉克政府因為兩伊戰爭所帶來的經濟壓力，要求同為石油輸出國的科威特減產，以避免因為產量過剩，造成石油價格崩跌。科威特不但沒有接受伊拉克的建議，反而要求海珊政府歸還當年兩伊戰爭跟科威特政府的借款。為取得更多石油控制權，海珊在一九九〇年八月，出兵攻打並占領科威特。對伊拉克而言，科威特是小國家，剛開始這個軍事行動對人民生活並沒有造成任何影響，庫德人與伊拉克人還是正常過日子。但沒想到，這場戰事在幾個月後逆轉，重創了海珊政府，這就是一九九〇年代名聞遐邇的「波斯灣戰爭」。當時美國在聯合國授權之下，聯合了三十四個國家，以解放之名出兵伊拉克。伊拉克政府為了應付以美國為首的聯軍，將大部分的軍隊調往南部的科威特戰場，龐大的軍需負擔，對其造成極大的軍事與經濟壓力，也因此給了北邊的庫德族軍隊「敢死隊」與民兵有了可乘之機。革命起義的聲浪不斷集結壯大，庫德族軍隊在一個月內就控制了伊拉克北邊的四個庫德族省分。不過當時的這些變化，我們都是透過收音機接聽到BBC的阿拉伯新聞跟蒙地卡羅中東電台，因為國內電視台跟廣播電台只有粉飾太平的新聞而已，如果單看國家電視台或聽國家廣播電台會覺得什麼事都沒發生，其實外面的世界已經在天翻地覆的改變中。

與此同時，在科威特打波斯灣戰爭的伊拉克軍隊在聯軍強大火力威脅下，戰況吃緊，軍心日益渙散，尤其伊拉克有一部分的士兵是庫德人，更難控制。每天都有庫德人逃兵，就好像庫德族的每個家庭都安排了一名逃兵在伊拉克軍隊中一樣。加上伊拉克軍隊水準低落，讓人根本不想待在軍隊，軍隊失控的情況不斷擴大，最後由於逃兵人數實在太多，已達到政府無法控制的局勢。伊拉克政府在無能為力之下，最後被捕的逃兵也都被釋放。[1]

伊拉克軍隊在科威特節節敗退，成千上萬的逃兵各自回到自己家鄉。大多數的伊拉克城市充滿了逃兵，他們在全國各地談論在科威特所目睹的慘況，成千上萬的軍人餓死或被殺，並指控伊拉克當局如何對人民說謊與掩蓋事實。因受到戰事牽制，海珊政府對人民的控制力大不如前，庫德人知道起義的機會已經來臨了，我們就這樣每天一點一點地準備起義，對這件事也都有心理準備。雖然沒有人知道會如何或以何種方式開始，但大家每天都在期待或是預測會在何時何地會有人首先發難。伊拉克軍隊在科威特被擊敗，南方什葉派的阿拉伯人趁機起義，反對派迅速控制巴士拉，這消息很快傳到北邊的庫德族。庫德人和南部的什葉派阿拉伯人隨即取得優勢，並開始組織民眾運動對抗海珊政權。然而，海珊派出的軍隊很快地控制住伊拉克南部，什葉派的起義可說是功敗垂成；而北部的庫德人在堅決的意志與美國支持下，終獲自由。[2]

敢死隊為自由起義（一九九一年三月）

二〇一四年，庫德族「敢死隊」重創伊斯蘭國，震撼全球，使得全世界開始關注這支驍勇善戰的軍隊。事實上，庫德敢死隊存在歷史久遠，過去是以游擊組織形式存在，數千年來伴隨著庫德人追求獨立建國，與波斯帝國、鄂圖曼帝國與大英帝國等大國的交手不計其數。直到一九四六年「馬哈巴德共和國」在伊朗成立，在穆斯塔法・巴爾札尼（Mustafa Barzani）領導下，庫德游擊兵成為共和國正規軍，這支軍隊被稱為「敢死隊」。雖然馬哈巴德成立不到一年即覆亡，但穆斯塔法・巴爾札尼將庫德族獨立的理念帶回伊拉克，並成立「庫德斯坦民主黨」（Kurdistan Democratic Party，簡稱KDP或庫民黨）。到了一九七〇年庫德族與伊拉克簽署的自治協定失敗，失望的庫德人開始燥動不安，整個庫德區域進入不穩定的狀況，終於在一九七五年爆發第二次伊庫戰爭。庫民黨率領的敢死隊落敗，讓許多庫德人對庫德獨立運動感到失望。同年庫民黨的高層賈拉勒．塔拉巴尼（Jalal Talabani）決定出走，並成立「庫德斯坦愛國聯盟」（Patriotic Union of Kurdistan，簡稱PUK或庫愛盟）。此事件造成庫民黨的分裂，從此種下庫民黨與庫愛盟仇恨的種子，導致兩黨數十年的爭鬥，成為自治區政府最大的隱憂。這在後面的章節會一一提到。

在庫德自治區成立前，「敢死隊」是庫德族推翻海珊政權的主力。在海珊政府時期，庫德族對於伊拉克政府的反抗行動一直持續不斷，人民即使沒有加入敢死隊，也會用其他方式支持反抗運動。這些敢死隊都躲在山上打游擊，攻擊伊拉克軍隊，靠著庫德村落提供食物，以及市區的庫德人偷偷捐輸財物存留下來。當然海珊政府也不斷地進入山區清剿，更常以剿滅敢死隊為名，行消滅庫德村莊之實。敢死隊的軍力雖然遠遠不及正規軍，但庫德人對他們的支持源源不絕，希望有一天時機到了，敢死隊可以帶領人民起義，推翻海珊獨裁政權。而波斯灣戰爭正式拉開庫德人起義的序幕。

一九九一年三月五日，在蘇萊曼尼亞省拉尼亞市（Raniya）爆發第一次革命，從拉尼亞竄出一大群人控制了街道，衝進了包括當地電台和清真寺在內的政府建築物，透過廣播呼籲各地庫德人民參加起義。同一天，整個城市從復興黨執政的官員手中解放出來，起義已經蔓延到整個城市。

起義的第一天，至少造成一百名平民和五十名反抗分子喪命。其實在正式起義的前兩天，庫德人早已忍不住走上街頭抗議；他們已經不想壓抑想要爭取民族自由的願望。[3]在艾比爾，庫德人與政府警察部隊之間發生了一些衝突，他們控制了當地的一間派出所，但很快就遭到大批伊拉克士兵襲擊，造成兩名庫德平民死亡，控制權也被奪回。敢死隊和庫德政黨開始組織一般人民，並將革命取了「零小時」（Zero Hour）的口號，亦即隨時啟動革命。

三月七日，起義蔓延到整個蘇萊曼尼亞省。政府大樓、軍事基地和派出所都遭到上千名敢死部隊襲擊。海珊政府最具戰略意義的「伊拉克情報局」（Mukhabarat）的北部總部快速地落入敢死隊手中。伊拉克情報局的北部總部過去是用來監禁、拘留、刑求庫德政治犯的恐怖刑場。在庫德人的心中，它最大的作用就是恐嚇人民不要搞政治，因為它不但是刑求政治犯的監獄，也是用來對付政治犯家人的地方。只要情報局捉不到反抗者，他的親朋好友就會被連坐，被請到這個北部總部問話，所以我們有句俗話「搞政治前，要先想到你家人」。攻下情報局的北部總部，大大鼓舞庫德民兵的士氣。反抗軍將當時在裡面的情報工作人員全部擊斃，許多庫德百姓聞風趕來，對著這些為虎作倀的伊拉克特工鞭屍洩憤。

安娜蘇拉卡人權博物館

後來這座惡名昭彰的刑求場地與監獄被蘇萊曼尼亞政府刻意保存下來，作為記錄獨裁政府屠殺庫德人的證據，現址叫做「安娜蘇拉卡人權博物館」（Amna Suraka）。

安娜蘇拉卡的建築物保留當時被起義軍攻打的槍砲痕跡，讓人感受當時戰事的激烈。走進主要展示館，會先經過一條貼滿破碎稜鏡的廊道，走廊只有在天花板裝置了數以千計閃亮的小小燈泡，這些燈泡永遠閃亮著，每一個燈泡代表每一個被海珊政府毀滅的庫德村莊，它們永遠都不會熄滅，代表著它們永遠不會被遺忘。博物館中展示了各種刑求工具並重建當時刑求的場景，許多情境看得令人毛骨悚然。此外，還有大大小小羈押政治犯的牢房，牢房的水泥牆上還留有當時被關犯人徒手刮寫的文字，當中有一間牢房專門關押青少年。海珊政府為了羅織罪名，還特別組成一個醫療委員會專門偽造這些青少年的年齡，目的就是讓他們符合成年規定以被判死刑。伊拉克的法律規定，未成年是不得處以死刑的。但是海珊政府為了殺這些少年，竟然喪心病狂地竄改他們的年紀，以符合法律規定。這些鐵一般的證據，是後來伊拉克政府再怎麼銷毀文件紀錄都無法否認的。在這間牢房中，有面牆上刮寫著這樣的文字：

我的名字是Muhsin，

被關在這監獄中的一個角落，
我是在家中被抓的，
我只有十五歲，
他們更改我的年齡到十八歲，
這樣我才可以被處決，
我要告訴我的爸爸媽媽，
我就要被復興黨處決了，
我們不會再見面了。

在其他的牢房中，也有牆上寫著這樣的句子：

Omer Qaladzaiy在一九八九／十一／一被拘留到一九九〇，
我仍然在這裡，偉大的主啊，

不要為我流淚，
身體被鮮血弄髒，
我是因為壓迫者而受難的，
但感謝主，
我是敢死隊的一員。

這個博物館現在所處的地區，現在已經發展成蘇萊曼尼亞最高級的住宅區之一，雖然它的存在跟周遭的氛圍格格不入，但是它已是自治區學生教育的重要博物館，每天都有各級學校的學生被安排來參觀。台灣也有類似的博物館，我曾特別拜訪白色恐怖景美紀念園區，走在裡面，看到監牢情景與感受到的氣氛，與安娜蘇拉卡人權博物館一樣讓人不寒而慄。不同的是安娜蘇拉卡人權博物館建築物彈痕斑斑，建築物旁仍然停放當時的坦克、機槍，顯示起義那時雙方駁火的慘烈，而台灣的景美紀念園區是經過台灣的民主選舉與和平的政權轉移後，由民進黨政府成立的，並不需要透過槍砲武力來奪取。雖然台灣也有類似的國家人權博物館，但如果台灣的朋友有機會來庫德自治區，我建議可以到安娜蘇拉卡人權博物館參觀，你會發現全世界所有的獨裁政權都是同一個德性，對他們根本不要存有任何浪漫的想像。

其他城市響應加入

除了蘇萊曼尼亞，北伊拉克幾個主要庫德人城市，如艾比爾與杜胡克省也紛紛加入起義。三月十一日，艾比爾成千上萬的人走上街頭，衝進政府大樓、調查局、警察局和軍事基地。復興黨政權在一些地方發起了激烈的反抗，因此造成許多平民傷亡。之後艾比爾附近的其他地區也參加了起義並襲擊了政府軍，庫德人民幾乎可說是獲得了全面的勝利，尤其是在大量的敢死部隊進入城市之後。三月十三日，杜胡克省札胡地區（Zakho）的民眾起身反抗，給政府軍造成了沉重的損失，順利解放了他們的城市。一天後，杜胡克市加入了起義，並且很快宣布全面勝利，然而，這場勝利造成該地區數百名平民喪生。三月二十一日基爾庫克解放。革命期間，這些地區的所有政府機關和軍事基地都被庫德人控制。不過庫德敢死隊也知道他們主要的敵人是伊拉克復興黨共和國衛隊，因此會讓一般服義務役的國民兵安全離開。

全家人的大逃亡（一九九一年四月）

波斯灣戰爭發生時，我才小學四年級。雖然這是戰爭，但對庫德族而言，卻比兩伊停戰更讓人開心，因為海珊政府必須在南部應付美國等三十幾個國家的軍隊，勢必無力回防北部，而這正是庫德人起義的大好時機。但事實證明，我們的想法還是太天真了。海珊的軍隊畢竟是國家的正規軍，它擁有的武力還是比庫德敢死隊與民兵強大許多。

在我們自認起義成功後不到一個月，海珊政府就不甘示弱，將大量的坦克與戰機調到北部庫德區域。四月三日當天，他開始對被庫德控制的城市進行報復性的反擊。記得那天從晚上開始聽到飛機與爆炸聲，但感覺是在比較遠的距離，我跟家人走到屋外，鄰居們也都在屋外，大家都在討論是該留下來躲在家裡還是離開？如果留在家裡，又怕炸彈攻擊。大家對兩伊戰爭的餘悸猶存，但是離開也不知道要往哪逃？就在大家惶惶不安、舉棋不定時，有鄉親從外面回來，帶來外界發生的最新消息。他說附近有海珊的軍隊跟「伊朗人民聖戰者組織」。「伊朗人民聖戰者組織」是伊朗政府的反對黨，長期接受海珊政府軍事與財務資助，在兩伊戰爭的時候跟著海珊政府一起打伊朗。庫德人認為這個組織比海珊更可怕，因為這支伊朗軍隊聽不懂阿拉伯語及庫德語，根本無法跟他們溝通，而且當時關於他們有很多傳言，說他們殺人是不分年紀的。還有新聞說海珊如果要控制一個地方會先讓他們做先鋒先清場，之後伊拉克軍隊再進入，而且海珊也會利用他們來與敢死隊對戰。因此大家怕被報復，決定舉家逃難。

當天深夜，媽媽著急地幫大家穿好衣服，將家中所剩的食物跟麵包都帶在身上，並打包簡單的衣物。住在隔壁的舅舅，以及住在附近的小舅舅與阿公、阿嬤，全都來我家商議逃難的事情，後來大家決定一起往山上走。我的家鄉四周都是高山，那時正值冬天，逃難當晚就是一個下雪且非常寒冷的夜晚。為避免打草驚蛇，引起軍隊的注意，我們只能步行摸黑離開。逃難的路上，沿途哭泣哽咽聲音不斷。那時我才九歲，只覺得在黑暗中不停地走啊走，似乎永遠走不到盡頭。走到天亮，太陽出來時，我們已經爬到了高處，卻發現海珊政府的直升機在我們頭上盤旋，並對移動的人群投擲炸彈，大家因恐慌而開始亂跑，我們家人也是在這個時候失散的。我跟著媽媽還有二哥，爸爸則是帶著大哥、三哥還有姊姊。很多人都被炸傷跟炸死，山上雪地裡到處都是血跟受傷的人，我們也找不到爸爸跟哥哥姊姊他們。就這樣媽媽帶著二哥跟我一直跑，我們腳一刻不停歇地跑，因為太害怕了，怕一停下來，下一秒就會被炸彈擊中。一直到近中午，才經過一個農莊，但農莊也杳無人跡，應該也全都逃難去了吧。媽媽讓我們在那裡休息，這時候我的雙腳已經長出許多水泡，但也只能稍做休息吃個麵包，媽媽又帶著我們繼續逃難。

四月的山上常常下雨，有些地方雪都還沒融化。我們的身體一直濕濕冷冷的，換衣服也沒用，另外我們身上的食物也不夠。我的腳起滿水泡，痛到寸步難行，一度用跳的前進，有時媽媽還用抱的帶我繼續走，不知道走了多久的路，還是沒有找到爸爸一行人。但我們還不是最慘的。在這條逃難路上，有越來越多的族人因為生病、飢餓而走不動，尤其是老人們……族人的慘狀讓我們很難過，但我們帶的食物，連我們自己都不夠吃了，更不可能分給別人，在那時大家都只能顧自己。越靠近伊朗邊界，海拔越高，天氣更冷，積雪更多，而且飛機空襲與轟炸更頻繁。

就這樣一直走一直走，經過一個星期我們終於走到了伊朗，但這一路上還是有很多人餓死、累死、凍死，還有人沒辦法再走下去，進退維谷。進入伊朗之後，伊朗政府立刻對我們這些難民給予最大的幫助，他們載大家去一個很大的社區，所有的難民都在那裡。伊朗政府提供熱食與三餐，我們住了一個多月，直到聯合國介入，庫德自治區成立，我們才得以回到庫德的家。而我這一輩子永遠不會忘記伊朗政府當時伸出的援手。

回到家鄉，竟然看到爸爸他們都在，實在不敢相信，失而復得的喜悅真的是筆墨難以形容。記得媽媽問爸爸，大哥在哪呢？然後大家就哭了，我們立刻知道大哥離開我們了。爸爸說在跟我們失散之後，大哥被坦克的槍炮打到，因為無法就醫而不幸死亡；他以為我們其他人應該都已經被炸死在山上了，他也不想活下去，只好回家。當時的他已經萬念俱灰，就算是海珊的軍隊來了他也不怕，他想如果死也要死在家裡。而阿公、阿嬤則是在幾個月後，才陸續被人在山區發現他們的遺體，但他們的遺體都因為腐壞以及被野狗啃食而殘破不全了，我們也只能藉著衣服來辨認親人。在我們的信仰裡，人死一定要入土為安，因此在這樣的一場戰亂中，我們祈求與分散的親人能生而團圓。如果死別，就算窮盡一生也要全力找到遺體，哪怕只剩下一片衣物我們也一定要帶他們回家下葬，除了是為了讓他們入土為安，也讓活著的人留有一處懷念之地。在這次逃難中，我大哥、阿公、阿嬤、舅舅的小兒子都被飛彈帶離人世。媽媽也從那天開始再也不穿顏色鮮豔的衣服，永遠都是一襲黑袍，我們都知道她是為了要紀念死去的大哥。

苦盡甘來——庫德自治區成立（一九九一年）

兩伊戰爭打了八年，我的家人親戚都幸運活了下來，但海珊對庫德族的鎮壓才短短幾個月，就奪走我四名親人的生命。這次近兩百萬庫德人的逃亡潮造成的死傷震驚了全世界。基於人道考量，聯合國安理會在一九九一年通過第六八八號決議，劃定伊拉克北部（北緯三十六度以北）為禁航區，之後又在伊拉克南部（北緯三十三度以南）增設禁航區，讓海珊軍隊與飛機不能進入庫德區對庫德人進行空襲轟炸行動。這個歷史性的決議像保命符般，讓庫德族這個早已氣若游絲的民族，有個喘息與生存的機會。在此同時，美國更進一步讓庫德族主要所在的蘇萊曼尼亞、艾比爾、杜胡克等三個省成立自治區（哈拉布賈則在二〇一四年從蘇萊曼尼亞省的一個區升格為省，成為第四個省）。此舉大大鼓舞了庫德人，但也讓伊拉克政府受到很大打擊。自治區的成立，可以說是庫德人勇敢起義與犧牲了許多族人生命獲得的一個既苦又甜的成果。但若沒有美國臨門一腳的支持，這步路是難以走到的，因為同一時間，在伊拉克南部大量什葉派阿拉伯人也同樣地反抗與犧牲，但因為未得到美國的支持，起義之路終究是功敗垂成。因此，美國的角色，對庫德人而言，是成就了其數千年來求自治而不可得的重要盟友，事實上庫德自治區後來發展的確跟美國的動向息息相關。

第六章

新政府成立與雙重經濟制裁

一九九一年自治區成立，讓庫德人終於脫離了海珊的統治，也擺脫了戰爭的陰影。這應該是很開心的事，但是新政府成立後，政黨間的惡性競爭與接踵而來的「雙重經濟制裁」，卻讓庫德人在享受起義成功後民族自治的甜美果實之前，反先陷入苦不堪言的物資短缺與政治惡鬥中。

雙重經濟制裁下的艱困生活（一九九〇至二〇〇三年）

我在台灣研究所念的是國際政治，上課討論的也多是國際間外交政策的形成與運作，中間當然也會討論到美伊戰爭、美國的中東政策。這些討論大抵都很合理，但是提到美國對伊拉克「經濟制裁」，我很訝異多數教授也認同這樣的制裁手段，多數的人都會覺得只要不是戰爭，任何制裁的手段似乎都是可以接受。但對人民而言，「經濟制裁」比戰爭還可惡！戰爭主要打的是政府與軍隊，儘管人民也會受到波及。但是經濟制裁懲罰的苦果幾乎都是由人民來承受，因為執政者都會把國家的資源優先給政府特權階級與軍隊，受苦的就只有人民而已。以看病來說，台灣是全民健保國家，便宜方便的醫療讓人民幾乎沒有後顧之憂。但如果有一天被經濟制裁了，任何進出口都被切斷了，一些必須由國外進口的藥品不能再進口，人民生病沒有藥醫時，該怎麼辦？就只能眼睜睜看著病人死去。而「經濟制裁」下的伊拉克就是如此。

所謂雙重經濟制裁，第一個就是來自聯合國安全理事會對伊拉克的經濟制裁。緣自於伊拉克入侵科威特，聯合國安理會在一九九〇年通過的第六六一號決議，禁止會員國進出口任何伊拉克的產品和商品，而這項制裁直到二〇〇三年第二次美伊戰爭才告終，共為期十三年；而第二重的制裁則是來自伊拉克中央政府。雖說庫德自治區擁有自己的軍隊與政府，但主要的財政還是受制於伊拉克中央政府的分配款（伊拉克政府分配給自治區的經費）。聯合國對伊拉克的制裁一開始，海珊對庫德自治區的制裁也更嚴酷，例如完全不支付自治區公務員薪水、從庫德區輸出的原油收入也不分配給庫德自治政府。雖然海珊的勢力已經撤出自治區，但他透過這樣的經濟制裁與行政封鎖，意圖癱瘓自治區政府的用意昭然若揭。再加上庫德自治區僅有少數製造業，所有物資的百分之九十必須仰賴進口，可以想像在伊拉克被制裁的同時，庫德自治區的人民是過著什麼樣的生活。

當時國家通貨膨脹嚴重，人民手上的錢變得沒有價值，有錢也買不起、買不到進口物品。因為伊拉克太依賴進口，人民的食物、營養用品嚴重短缺，特別是醫療用品。自治區執政的兩大黨庫民黨與庫愛盟也因為經濟困難，為了爭奪資源，雙方軍隊衝突不斷。政府付不出公務員與教師的薪水，但為維持國家運作，做了不少宣傳，例如為了鼓勵老師繼續到學校上課，就宣傳要老師將學生視為自己的小孩，以繼續維持學校教育。因此很多老師雖然領不到薪水，但還是堅守在自己崗位上，過著艱苦的日子。我印象最深刻的是曾看到一位在小學任教的老師到街上行乞。很多公教人員在工作之餘就去打工，貼補家用。不過雖然自治區的情況如此糟糕，但多數人也不敢離開，大家還是抱著希望，期待生活有改變的一天。因為再怎麼苦，還是比海珊統治的時期好。

我有些同學們因為家庭經濟狀況不好，就輟學去打工。但我的父親還是一如既往，反對孩子離開學校；我就這樣一邊念書，一邊在爸爸開的照相館工作。經濟制裁時我只有七歲，才剛上小學，只能待在家裡，年輕人面對這樣了無生趣的日子，根本無法忍受。他們想要逃避離開這個國家，但當時要出國根本難如登天。雖然我們受自治區政府管轄，還是拿伊拉克的護照，而辦理護照必須到伊拉克首都巴格達，但光是要進入巴格達，在檢查站就會被刁難；縱然能進入巴格達，要拿到護照，除非買通官員或是有特別的關係，否則一般人也是申請不到。偷渡出國雖然危險，但比起申請護照的高難度，可能還真的比較簡單。所以很多年輕人都是用非法的方式出國，多數是徒步走去伊朗或土耳其，然後再設法進入歐洲打工。我的二哥就是先用走的到土耳其，但在準備偷渡去歐洲時就被抓了回來；我的三哥也曾跑到伊朗當了五個月的建築工人。偷渡這條路既辛苦又危險，因為伊朗與土耳其的高山，縱然不是冬天，也是長年積雪不散，非常寒冷。好不容易走到了邊境，又要躲避巡查士兵。我在家鄉就常常聽到鄰近的年輕人在土耳其因為非法入境被開槍殺死、在逃難時凍死，又或者搭乘小船偷渡時翻船溺死等種種悲慘的故事。

「石油換食品計畫」帶來一線希望（一九九六至二〇〇三年）

為了減輕制裁伊拉克時對庫德與伊拉克人民帶來的痛苦，但又要保持一九九一年波斯灣戰爭相關制裁的內容（即安理會第六八七號決議，主要是要求伊拉克裁軍與催毀大規模殺傷性武器）。聯合國安理會在一九九五年通過第九八六號決議（United Nations Security Council Resolution 986），同意伊拉克可以向各國販售石油，來換取食物與醫療用品，以及其他民生必需品，但不得作為軍用所需，這就是著名的「石油換食品計畫」（The Oil-for-Food Programme）。這個計畫規定所有石油收入都必須受到聯合國的控制並代管帳戶，海珊政權無法介入；而且也明確規定了伊拉克政府應將石油收入的百分之十三保留給庫德自治區。[1]

雖然經濟制裁讓伊拉克經濟受到很大的影響，但石油換食品計畫給伊拉克很大的希望，不只是伊拉克人民，庫德自治區的人民也在石油換食品計畫的保障範圍內。這計畫確保了人民每個月都會收到政府配給的食物，包括麵粉、米、油、番茄泥、肥皂、刮鬍刀、洗衣粉、紅茶、糖等等。家中如有五歲以下的幼兒，還配有奶粉，確實解決了伊拉克的飢餓問題。

不過當年的石油換食品計畫也引發了一些爭議。二〇一八年，由美國、加拿大、丹麥三國合資發行的電影《暗算》（*Backstabbing for Beginners*）乃根據真實事件改編，內容描述年輕外交官麥克進入他夢寐以求的聯合國工作，並執行聯合國有史以來最大的人道救援行動石油換食品計畫。但漸漸地，他發覺這個計畫並沒有想像中單純，聯合國執行的長官與海珊互相勾結，不但放任海珊收取大量回扣，自己也中飽私囊。此外，這些物資的分配也非常不公平；海珊的故鄉提克里特（Tikrit）得到最多的物資，但是庫德自治區卻分得最少的資源，作為物資的食物與藥品都是劣質或是過期品。最後他掌握一項重要貪汙賄賂的證據，即石油換食品計畫中有一筆原本要用來購買食物的兩百億美元資金被轉移到私人公司、銀行、各國政府官員，甚至是聯合國官員，也就是他的長官手中。在這過程中，他的長官再三告誡他不要輕舉妄動，因為一旦他揭發這項醜聞，可能會讓聯合國終止這項計畫，而受害的是所有伊拉克人民。

他的長官向麥克說，這就是外交的現實，如果不與海珊合作，這個計畫就更難推行，但是跟海珊合作，最起碼還有六百億美元被用在購買食品和藥品之上。最終麥克發覺，即使在二〇〇三年該計畫於法律上終止之後，聯合國的腐敗仍舊存在，直到聯軍入侵伊拉克後，麥克才將蒐集的證據投書《華爾街日報》（*Wall Street Journal*），揭露了此醜聞。

這部電影有很大部分反映出當時的情形。人民都知道政府的腐敗貪汙，雖然食物常常沒有很準時地配給到家家戶戶，但確實改善了我們的糧食問題。一九九八年自治區的內戰因為美國調停而結束，我們終於恢復了平靜的生活。縱然石油換食品計畫有很多缺失，我們還是支持這項計畫，因為我們要求的不多，只要平安，生活過得去就可以了。

四年內戰與美國調停（一九九四至一九九八年）

在美國的協助下，庫德自治區終於建立，剛開始自治區的政府是由各政黨組成的「伊拉克庫德斯坦陣線」（Iraqi-Kurdistan Front）共同管理，是一個過渡性質的政府。在這段過渡時期，伊拉克庫德斯坦陣線內部領導階層的意見分歧越來越嚴重，當中的大黨庫德斯坦愛國聯盟（庫愛盟）領導較為鷹派，屬於主戰派；而另一大黨庫德斯坦民主黨（庫民黨）領導則是屬於鴿派，希望用和平的方式解決。之後過渡政府結束，伊拉克庫德斯坦陣線正式退出自治區的管理，並宣布用選舉的方式選出「庫德斯坦國民議會」取代伊拉克中央議會。

自治區政府開始步入多黨競爭時期。一九九二年五月十九日，自治區舉辦了第一次民主選舉，在這次選舉中庫德斯坦民主黨和庫德斯坦愛國聯盟兩黨得票幾乎平分秋色。由於兩黨在選舉後變得勢均力敵，庫德自治區因此被分成兩部分，儘管兩黨在名義上是一起管理庫德自治區，但兩大黨各自有勢力範圍。庫愛盟長期以來與伊朗較為交好，在與伊朗為鄰的蘇萊曼尼亞駐有軍隊，治理著該區；庫民黨則控制伊拉克與土耳其邊境地區，掌握當地的關稅，主要控制著自治區首都艾比爾。

兩黨開始分別統治伊拉克庫德自治區，只要兩個主要政黨不起衝突，政府機構就能穩定運作。但庫民黨和庫愛盟的關係在政府部門之外，常常是互相競爭，各自都想控制更多的政治權力。兩黨的鬥爭也困擾著政府機構，加上經濟制裁以及小黨派系合併所造成的政治兩極化，都讓伊拉克庫德自治區的政治氛圍一直不太平靜。事實上到一九九三年，各政黨關係都處於相當緊繃的狀態。

兩大黨競爭越來越嚴重，造成內戰爆發，人民被殺，甚至互相陷害入獄。國內動盪不安，伊朗支持庫愛盟，海珊則支持庫民黨，政黨對立不斷升高，兩者的分歧幾乎無解。而且因為兩黨勢均力敵，所以壁壘分明，但在兩黨夾縫中求生存的百姓卻苦不堪言，動輒得咎。例如庫民黨的象徵顏色是紅白，其政黨領導人纏的頭巾顏色都是紅白交雜，所以住在蘇萊曼尼亞的人就不會將紅白色隨便穿上身，以免被視為庫民黨黨員；而庫愛盟的代表色是黑白，它的領導人頭巾清一色是黑白，所以住在艾比爾的人就不會將黑白色穿在身上，以免惹禍上身。記得有一年，母親帶著我到艾比爾拜訪小阿姨，姨丈是庫民黨的黨員，我們一回到蘇萊曼尼亞省界，就被庫愛盟的駐軍盤查。當時的盤問比現在國際機場還嚴謹，除了必須脫掉鞋子檢查，駐軍還搜檢了所有攜帶的東西。我與母親被分別帶開審問，問的話題不外乎是為何阿姨住艾比爾？阿姨是不是庫民黨黨員？我們是為了什麼事去拜訪？當然我們母子在家已經套好招，都有一套標準答案。

兩黨一直無法解決彼此間的矛盾，再加上一九九六年聯合國施行的石油換食品計畫，強制伊拉克將部分石油收入分配給庫德自治區，此外還有在庫德自治區與土耳其和伊朗邊境徵收的進出口關稅，石油與關稅的龐大利益分配問題，更加造成兩大黨彼此間的衝突與猜疑。這導致了一九九四年至一九九八年庫德自治區四年的內戰。當時因為經濟制裁，自治區面臨嚴重通貨膨脹、食物短缺、醫療物資不足等多重問題，而且衝突越來越嚴重。對美國而言，庫德自治區是其一手扶持起來的，因此自治區如果失敗，不啻是美國在中東的一大挫敗。在其利益考量下，美國不想讓庫德自治區成為海珊跟伊朗鬥爭的工具，因此不得不積極介入，想辦法讓兩大黨坐下來和談。這時美國政府決定由庫德斯坦民主黨領導人馬蘇德．巴爾札尼（Masoud Barzani，其父即為庫民黨創始人穆斯塔法．巴爾札尼）和庫德斯坦愛國聯盟的領導人賈拉勒．塔拉巴尼兩人和談。兩位政黨領導人於一九九八年九月十七日在美國簽署了《華盛頓協定》（Washington Agreement），協議雙方同意必須共同分享收入，共同分享權力，且放棄分歧的意見，共同和平參與伊拉克庫德自治區的行政管理，美國政府並保證庫德人不再受到海珊的侵略。而這時「石油換食品」的效果慢慢顯現，庫德自治區的收入提高，人民的生活水準也慢慢提升，庫德自治區成為相對和平的地區。美國再次協助庫德人恢復和平與穩定。

自治政府成立後的國會選舉

庫德斯坦國民議會是經過民主選舉產生的立法機關。議會由民選議員組成，共有一百一十一個席次，主要職能包括審查新的法律提案、審議政府政策、質詢重要議題。議會的創始原則是自由、多元化、監督制、公開性和庫德自治區所有人民的代表權。根據《伊拉克聯邦憲法》的規定，庫德議會有相當大的權力在廣泛的內政政策上進行辯論和立法，例如在社會福利、教育和培訓、警務和安全、環境、自然資源、農業、住宅政策、貿易、工業和投資、社會服務和社會事務、運輸和公路、文化和旅遊業、體育和休閒、古紀念碑和歷史建築等領域進行立法修正，訂定政策以管理監督。

一九九一年庫德人爭取自治成功後，到了一九九二年庫德自治區舉辦第一次大選，當時兩大黨庫愛盟跟庫民黨在此次選舉中得票率幾乎相同，所以組成聯合政府共同治理庫德自治區。之後爆發內戰，選舉全面停擺直到二〇〇五年。在美伊戰爭之後，這兩個主要政黨同意舉辦選舉，且跟其他政黨，包含庫德斯坦勞動黨（Kurdistan Toilers’ Party）、伊拉克—庫德斯坦共產黨（Communist Party of Kurdistan-Iraq）、庫德斯坦伊斯蘭聯盟（Kurdistan Islamic Union）、庫德社會黨（Kurdistan Socialist Democratic Party）、庫德斯坦民主全國聯盟（Democratic National Union of Kurdistan）

組成一個聯盟叫「庫德斯坦民主愛國聯盟」（Democratic Patriotic Alliance of Kurdistan），這個聯盟在當年攫取了壓倒性的百分之八十九點五五的選票，向伊拉克中央政府展現了庫德自治區的大團結。

二〇〇九年，兩大黨決定共同提出一份選舉名單來參加選舉，稱為「庫德陣線」（Kurdistan List），這樣的行為讓原本在庫愛盟的納夫施萬．穆斯塔法（Nawshirwan Mustafa）無法接受，他在同年脫離庫愛盟，成立「變革運動黨」（Gorran），並投入選舉。變革運動黨的成員主要來自兩大黨（庫民黨與庫愛盟）的前黨員以及敢死隊、學者等等，該黨主要口號就是破除庫愛盟與庫民黨兩黨寡頭壟斷政治，以及剷除兩黨的腐敗分贓的弊病，因此在庫德年輕人之間十分有號召力。變革運動黨在二〇〇九年獲得百分之二十三點七五的選票支持，成為最大的反對黨。

納夫施萬．穆斯塔法原本在庫愛盟算是第二把手，黨齡三十多年，是反抗海珊的英雄，當年的起義革命計畫就是他所擬定，因此他在黨內與民間擁有極大的聲望。雖然變革運動黨無法撼動兩大黨的結合的庫德陣線，但是變革運動黨對自治區的政治也帶來極大的影響與改革。變革運動黨的國會議員就像台灣的立法委員一樣，透過在國會的質詢，揭露政府的貪汙舞弊，再透過媒體的報導，讓全國國民知道。這時候庫德的電視台也開始製播政論節目，公開對時政提出批判，而在民代與媒體的監督之下，政府的貪汙腐敗也有了改善。變革運動黨的出現，為自治區的政治風氣帶來耳目一新的改變，因此在二〇一三年的選舉中獲得了百分之二十四點二的支持率，一舉超越庫德斯坦愛國聯盟，成為第二大黨。這是近年伊拉克庫德自治區政治上最大的變化，不過選後庫德斯坦愛國聯盟還是跟第一大黨庫德斯坦民主黨合作組成新政府，變革運動黨仍是最大的反對黨。

二〇一八年出現更多的反對黨，包括「新時代運動黨」（New Generation），這個政黨是二〇一七年公投那年才出現的，主要致力於宣傳反對獨立公投，不願意獨立公投被馬蘇德·巴爾札尼利用，成為個人政治生涯的工具。新時代運動在二〇一八年正式成立政黨，並推派人選參與選舉，成為第二個主要反對黨，但這兩個反對黨（變革運動黨與新時代運動黨）因為互相批評，並沒有團結一致對抗兩大政黨。加上二〇

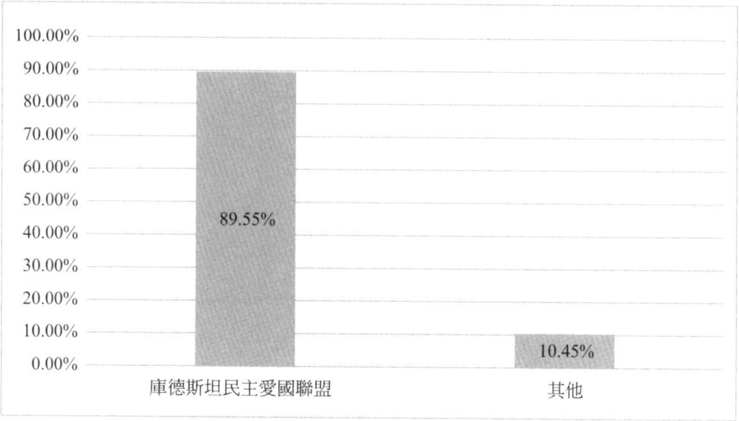

圖6-1 二〇〇五年庫德斯坦國會選舉各政黨得票率

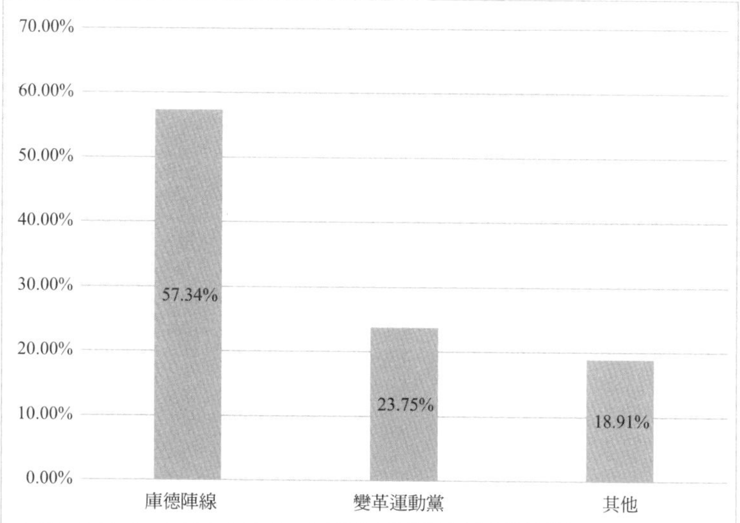

圖6-2 二〇〇九年庫德斯坦議會選舉各政黨得票率

一八年的投票率只有百分之五十七（相較於二〇一三年的投票率有百分之七十三點九），因此反對黨的空間在選後又被壓縮。兩大政黨再次合作，除了庫民黨獲得了百分之四十四的支持率，庫愛盟也獲得了百分之二十一的選票，而變革運動黨僅得了百分之十二，聲勢大幅滑落。

二〇一八年，庫民黨與庫愛盟會有這樣壓倒性的勝利，並非在於兩黨有什進步性的改革。除了小黨間的相互傾軋，主要原因仍在於這兩個政黨從一九九一年庫德自治政府成立以來，一直掌握著國家的預算。公務機關人員的薪水及在一九九一年為自治區成立之烈士家屬撫卹金（庫德自治區有七成以上的人口在政府工作或領政府撫卹金）在自治區預算中占最大比例，公務機關的聘用人員大都與這兩大黨有裙帶關係。二〇一七年，自治區因舉辦公投而被中央政府凍結分配款，造成庫德區內的公務人員薪水停發，但在二〇一八年恢復發放後，公務人員願意出來投票的意願提高，傳統上這些公務員也比較支持這兩大黨。因此，在公務人員的支持意願高，與一般民眾投票意願低的情況下，庫民黨與庫愛盟兩大黨在二〇一八年的選舉聲勢再度大漲。

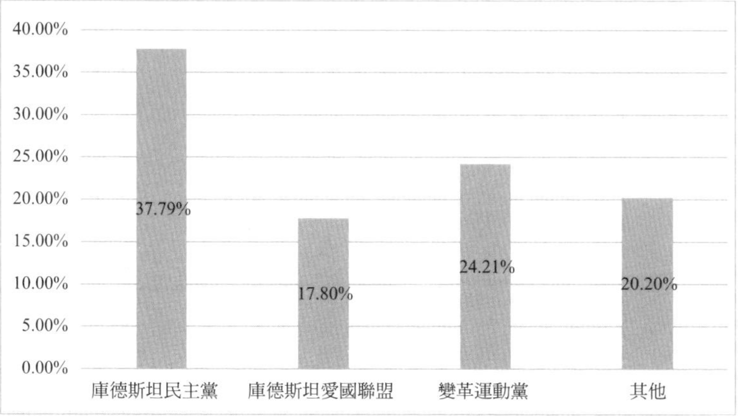

圖6-3　二〇一三年庫德斯坦議會選舉各政黨得票

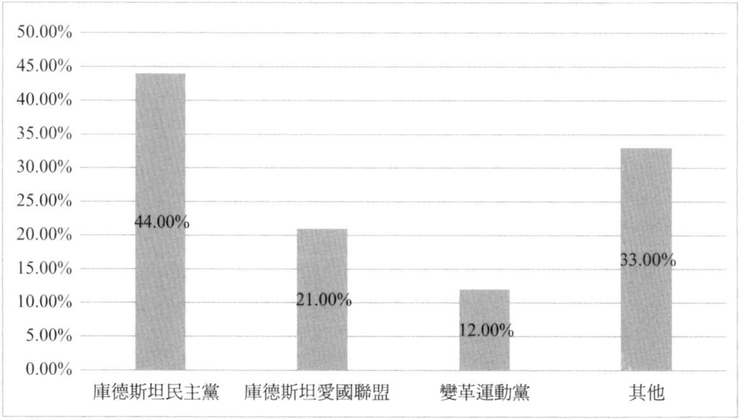

圖6-4　二〇一八年庫德斯坦議會選舉各政黨得票率

隨著政治的開放與時局不斷的變化，庫德自治區政黨起起落落，我身邊的朋友基於各種不同的理由各自支持不同的政黨，我個人則沒有特別的政黨傾向。但大家能自由地籌組政黨，也可以公開擁護自己的政黨。這比過去海珊復興黨一黨獨大時期與庫愛盟、庫民黨兩黨內戰時，自治區的政黨政治又進步了不少。

唯一的總統——馬蘇德・巴爾札尼

庫德自治政府的總統選舉原由庫德斯坦議會以無記名投票選舉產生，到二〇〇九年改由全民直選選出。自治區總統在國家和國際兩個層面代表著庫德人民，一方面監督庫德自治政府，另一方面則是扮演著與伊拉克中央政府溝通協調與談判的角色，他同時也還代表庫德人民參加伊拉克國家安全政治理事會。不過自治區從二〇〇五年到二〇一七年都沒有換過總統。馬蘇德・巴爾札尼在二〇〇五年六月經庫德議會選舉擔任自治區總統，之後在二〇〇九年全民投票中獲得百分之六十九點六的選票支持並連任。但在二〇一三年任期結束時，馬蘇德．巴爾札尼要求議會用投票方式延長兩年任期，此舉已經違反自治區憲法。[7]二〇一五年，庫德議會議長尤瑟夫．穆罕默德（Yousif Muhammed）表示將召開議會以將總統請下台，馬蘇德．巴爾札尼索性將議會關閉並且禁止議員集會。到了二〇一七年的大選年，馬蘇德．巴爾札尼以ＩＳＩＳ戰爭為由，說明國際社會認為此時不適合舉辦總統大選，但為了通過舉辦獨立公投的議案，不得不重新讓議會開議通過舉辦公投。二〇一七年，庫德獨立公投後，在各種政治壓力下馬蘇德．巴爾札尼黯然下台。自治區至今尚未重新選出新總統，現在總統一職由他的姪子總理內奇萬．巴爾札尼（Nechirvan Barzani）代理。

第七章

海珊真的死了嗎？

二〇〇六年十二月三十日是庫德人永難忘懷的一天。那一天清晨，被判謀殺和反人類罪的海珊，吊死伏法。電視台透過鏡頭，將他的行刑過程鉅細靡遺播出。這樣將行刑的過程全部播出，讓很多人覺得震撼，因為這在現代文明國家不僅不可思議，也是不可能見到的。很多台灣人會以為中東國家都是這樣公開處決犯人，以為這是伊拉克的常態，但其實將海珊的行刑畫面直接公諸於世，也是伊拉克唯一的一次，這是因為過去伊拉克政府時有將死囚調換的案例，海珊的爭議與影響力又非常人可比，唯有公開行刑的全程畫面，才能取信全國人民。當我們看到鏡頭中的海珊雙手被縛在背後，面無表情地站在絞刑台上，順從地讓劊子手將麻繩套上他脖子時，我們仍舊不敢置信。很難想像這個平凡的老人，在不久之前還是一個讓人聞之色變的「巴格達屠夫」。不過當看到海珊真的被處決，我們內心反而沒有快樂的感覺，我想我們最高興的時候僅只是在海珊被擒的當下吧。我的台灣朋友常問我，看著海珊被絞死的那一刻，你們應該都很高興吧？我想，這樣的想法來自於對我們宗教的不了解。在我們的信仰裡，人死後的靈魂就被阿拉收走，人世的一切塵歸塵，土歸土。海珊在人世已遭受法庭的懲罰，之後，就交由阿拉來判決。我們相信阿拉會給他應有的懲罰，而這樣就已經足夠了。

第二次美伊戰爭（二〇〇三至二〇一一年）

二〇〇一年，美國發生九一一事件，這是美國有史以來在本土發生遭外國人攻擊、傷亡最慘重的襲擊事件。影響所及，美國當年就以包庇賓拉登為理由對阿富汗發動戰爭；隨後在二〇〇三年，美國進一步以一直不為美國信任的海珊政府仍繼續發展大規模殺傷性武器為由，在三月二十日向伊拉克開戰。那時我首次離開家鄉，到自治區首都艾比爾上大學念社會學。美國對伊拉克宣戰，我們都非常高興也很期待，因為十三年之久的經濟制裁跟伊拉克的抵制（自第一次波灣戰爭後，美國就對伊拉克政府進行經濟制裁，而伊拉克又將此轉嫁給自治區），大家都恨死海珊政府，希望美國趕快開戰。另外我們也知道美國打伊拉克不會波及到自治區，因此學生們每天都盯著新聞看美國攻打伊拉克，只要看到美國打中海珊政府的重要機構大家就會很開心，不過看到平民因戰爭傷亡還是會難過。

戰爭一開始，美軍要求土耳其協助美軍進入伊拉克，但被土耳其政府拒絕。庫德人決定利用自己地理上的優勢協助美國，庫德人不只協助美軍經由庫德自治區進入伊拉克，庫德敢死隊還參與美國特種部隊，一起作戰對抗海珊。在庫德敢死隊的協助下，美國成功占領海珊的故鄉，也是他的大本營提克里特。在海珊執政時期，政府要員與共和國衛隊多來自於此。諷刺的是，海珊的出生地提克里特，同時也是庫德族民族英雄薩拉丁的出生地。薩拉丁是十二世紀雄才大略的軍事家與政治家，是首位成為埃及及敘利亞蘇丹（統治者）的庫德族人，他曾領導穆斯林及阿拉伯人對抗來自法國與歐洲的十字軍。

也因為拿下提克里特，接下來在最關鍵一役，代號「紅色破曉行動」（Operation Red Dawn）的攻擊中，才順利地在附近一處農場活捉海珊。不過，當時國際媒體都報導是美軍找到並逮捕海珊，並沒有提到誰才是真正找到躲在地洞裡的海珊。其實真正找到海珊的人是伊拉克庫德族人科斯拉特．拉蘇．阿里（Kosrat Rasul Ali），他是庫德斯坦愛國聯盟的領導人，也是敢死隊的領導人。海珊的復興黨在執政時，於一九八七年的一次空襲中，奪走他兩個兒子的生命。他花了很久時間找到海珊並通知美軍。後來科斯拉特．拉蘇曾在上電視節目時抱怨美國不但沒有提到他的名字，而且沒有正式感謝他。不過無論如何，科斯拉特．拉蘇已經是庫德人的英雄了。據說海珊在遇到美軍的第一句話竟然是英語：「Don't shoot!」（別開槍！）一代梟雄的謝幕詞竟是如此地懦弱！從開戰到十二月十三日美軍逮捕海珊，才短短九個多月，但這一刻，庫德人卻等了二十四年。捉到海珊的新聞一傳開來，很多庫德人走上街慶祝，有的唱歌，有的跳舞，也有的拿著海珊被捕的照片開心上街，包括我的三哥。之後經過近三年的審判，海珊被以謀殺與反人類罪處死刑，於二〇〇六年十二月三十日被判絞刑伏法。

雖然海珊被吊死的當天，在伊拉克與全世界都有他被行刑的影片，但到了現在，還是有很多人對海珊是否真的死了抱持懷疑，不敢相信這樣一個如魔鬼般存在的人怎麼可能這麼輕易地死去？！就算美軍已經做了DNA測試，確認是海珊無疑，到現在還是有些庫德人不相信海珊真的死了。因為在伊拉克，海珊樹敵無數一事眾所周知；他怕被人報復，因此豢養了很多替身。所以有人堅信，死的一定是海珊的替身。這些懷疑是可以理解的，因為對庫德人而言，一時之間實在難以解除這種經年累月的恐懼。此外，伊拉克社會有很大一部分是以氏族為中心所組成的部落社會，氏族的忠誠度與向心力特別強烈，因此有些不相信海珊已經伏法的人，都認為海珊一定還被其氏族忠心耿耿、嚴嚴實實地保護著。就像海珊政府的第二號戰犯伊札特・易卜拉欣・杜里（Izzat Ibrahim Douri），他是海珊時期的陸軍中將，曾是伊拉克復興黨的副書記，地位僅次於海珊，他同時也是海珊的表弟，迄今尚未落網。直至今日，伊札特・易卜拉欣・杜里每年都會在復興黨的紀念日，發表一段他夸夸其談的影片，向現在的伊拉克政府示威。他在影片中的談話內容還在其次，最饒富興味的是在影片中可以看到，他背後的牆上一定會有一個伊拉克規格的插座，暗示他人還在伊拉克境內，有一種能奈我何的挑釁意味。

庫德人當上伊拉克總統

美國占領伊拉克後，在二〇〇四年扶植什葉派穆斯林伊亞德·阿拉維（Ayad Allawi）領導伊拉克臨時政府。二〇〇五年一月伊拉克舉辦美伊戰後第一次選舉，選出了新的總統、總理及立法委員。十月，伊拉克通過永久性憲法，明訂了給自治區預算分配的比例跟計算基礎，即政府每年將年度預算中的百分之十七分配款撥給庫德自治政府。不過伊拉克中央政府一直沒有確實將預算分配給庫德自治區，這個分配款爭議一直沒有解決過。

庫德斯坦愛國聯盟黨主席賈拉勒·塔拉巴尼在美國的扶植下，於二〇〇六年四月六日當選伊拉克共和國總統。這是伊拉克歷史上第一次有庫德人當上總統；那天，大部分庫德族人，不管在庫德自治區或在伊拉克，還是在海外的庫德族人都開心地跑上街頭慶祝。在當時的選舉中，在宗教與種族均衡的原則下，總統由庫德人擔任，總理由什葉派阿拉伯人擔任，而國會議長則由遜尼派阿拉伯人擔任。雖說是由庫德人擔任總統，但總統僅是國家對外的象徵而已，真正的實權落在總理手裡，此時伊拉克阿拉伯人什葉派與遜尼派在國家地位頓時豬羊變色，這樣的演變也造成後來伊斯蘭國在伊拉克發展壯大的伏筆。而另一個庫德自治區重大的成就就是庫德的敢死隊也被視為伊拉克軍事體系的一部分。根據新憲法，庫德敢死隊的軍事預算由伊拉克國防部支持，正式承認敢死隊是國家的編制之一。可以說在美國的協助下，庫德人在伊拉克政府中第一次有了正式地位，也有了真正的權利。而這一切，背後如果沒有美國是不可能達成的，美國可以說是庫德自治區在伊拉克政府內最有影響力的遊說組織。

久旱逢甘霖——戰後經濟大噴發

美伊戰爭結束，萬惡的經濟制裁也隨之終結。國家開放了，伊拉克中央政府也依憲法規定每年撥款給庫德自治區。當時的庫德自治區經濟幾乎是飛躍式的成長，許多產業蓬勃發展，手機、網路通信等新興產業更是一飛沖天。過去，伊拉克政府禁止人民擁有手機，直到二〇〇三年才允許開辦手機電信公司，當時創立的Asiacell行動電信和數據服務公司，現在已經成為伊拉克最大的網路電信公司。在台灣行之有年的銀行貸款制度，伊拉克國家銀行也到這時才開辦，讓人民可以向銀行借錢開公司、蓋房子。這段時期也是庫德自治區房屋蓋得最多的時候，過去的草原荒地上都蓋起了各式各樣的現代住宅；房地產的興起也帶動其他產業的發展，例如營造、原料、裝修、家電等等。這時的政府預算充足，大量招收公教人員，人數幾乎是過去的三倍，大學生畢業即就業；而政府的公共設施服務，例如道路交通、教育、醫療等也都得到很大的改善。其中學校教室的大量興建解決了班級擁擠的問題，也因為教師人數增多，可被派到偏鄉村落，讓過去偏遠地區學童無法受教育的情況大幅改善。

台灣政府為了解決偏鄉學生教育問題，投注了不少心力，雖然城鄉差距依舊存在，但是在硬體設備的投資上比庫德族優越太多。庫德自治區幅員更廣闊，資源更不足。過去，這些偏鄉的庫德孩子根本沒有機會上學，唯一識字的機會就是上清真寺，在伊斯蘭教長伊瑪目（Imam）教導《古蘭經》時，順便學會識字。提到偏鄉教育狀況，伊朗裔庫德族女導演莎米拉．馬克馬巴夫（Samira Makhmalbaf）曾在二〇〇〇年推出了一部名為《黑板》（*Blackboards*）的電影，雖然是劇情片，卻很詳實地記錄了當時山區偏遠村落的教育情形。故事一開始，在草木荒蕪、光禿貧脊的高山黃土地上，遠遠地出現一排大大的黑板，就這樣搖搖晃晃向鏡頭走近；這樣的畫面，很多台灣人都會覺得荒誕又奇妙，感覺很不真實，因為黑板應該是在教室裡，怎會自己在山上走路!?當鏡頭一拉近，原來這些黑板都是由人揹著，但因為黑板太大，把揹著的人身體都遮住了，所以遠遠看，就只看到一片片黑板在蜿蜒的山路中搖搖擺擺地向前進。故事就是在這麼奇特的景像中展開……而這些揹著黑板的人並非工人，黑板也不是要被揹去安裝在教室裡，這些揹著黑板的人本身就是老師，他們揹著黑板在山區到處尋找學生。在台灣，老師一直都是備受尊敬的職業，都是體面地在教室上課。但在這邊的山區本就沒有教室可言，黑板所在的地方就是教室，老師與學生露天席地而坐，一塊黑板一支粉筆就可以上課。但縱然老師有教學的熱忱，這些山區的小孩為了生存，小小年紀就去當走私客，哪有餘力與閒錢來上課呢？不過這些情形，現在都有了很大的改善。

這時也正值我剛大學畢業，畢業後很快就到庫德自治區中由伊拉克中央政府管轄的監獄從事輔導工作。當時監獄受收了大量在自治區外攻擊美軍的恐怖分子，這些恐怖分子不只是伊拉克的阿拉伯人，還有許多來自世界各地經由敘利亞進入伊拉克的阿拉伯人或是反美分子。這些被逮捕的恐怖分子，大多數都送到自治區的監獄，因為美國只信任自治區的維安。在那邊工作兩個月，讓我看到形形色色所謂的「恐怖分子」，其實他們的行為舉止也與一般人無異，而在我與他們接觸的經驗中，這些人全部都否認自己的行為是有罪的。他們覺得是美軍在殺人，而他們的所作所為都是為了保護自己人。我在大學學了四年的輔導課程，深知這些人其實與一般人無異，但是我的家人擔心我在這樣的監獄工作很危險。後來我在畢業後又回到大學修習貿易管理的課程時，就申請轉到高中當輔導老師；這個工作只需工作到中午，下午就有時間讓我到大學上課。

伊拉克淨土

美軍從二〇〇三年三月二十日入侵伊拉克，到四月九日占領巴格達與海珊的復興黨黨部才短短不到三週，戰事就結束了。戰事結束初期，伊拉克陷入無政府狀態，許多政府軍與恐怖分子到處滋事、燒殺搶劫。之後美軍進駐伊拉克維安，雖然美軍有優勢武力，伊拉克境內還是有許多小型戰爭或是偷襲爆炸等等與美軍爆發的衝突事件，自此伊拉克境內陷入恐攻頻仍、危殆不安境地。而庫德自治區反而成為這個動盪不安國家中唯一的淨土。

對庫德人而言，因為美國的勢力，恐怖的海珊政府才會倒台，再加上大家還是很怕海珊的復興黨會捲土重來，所以對美軍充滿感激與尊敬。而美國也知道庫德人憎惡伊拉克政府，加上自治區沒有捲入戰爭，對比自治區外的伊拉克恐攻事件不斷，庫德人的友善與自治區的安全平和，使庫德自治區成了美軍最喜歡休閒度假的地方。在那段時期，自治區常常有美軍來逛街買東西，很多人都喜歡與美軍拍照。

除了美軍，庫德自治區也成了伊拉克阿拉伯人嚮往的淨土。這時的伊拉克經濟開放了，靠著賣石油政府與人民都有錢了，但是各種恐怖攻擊卻讓人民難以安居，有辦法的伊拉克人選擇移民歐洲，而鄰近的庫德自治區也成了許多阿拉伯人嚮往移居之地。這段時期，在庫德自治區邊界的檢查站常常排滿了申請移入的阿拉伯人，他們大量移入購買房產，庫德自治區的房地產也因此大漲了三倍。雖然自治區的安定讓我們對未來充滿希望，但是伊拉克的紛擾不安也讓我們感到不安，深怕終有一天會影響到自治區。也因為如此，縱然戰爭已經結束，但我們還是像在美伊戰爭前一樣，很少人敢進入伊拉克。

第八章

伊斯蘭國的崛起與入侵

在二〇一三年崛起的伊斯蘭國（Islamic State of Iraq and al-Sham，簡稱ＩＳＩＳ），是一個以令人難以置信的殘忍手段讓人聞之色變的恐怖組織，在當時的中東世界引發一波又一波的恐慌與難民潮。二〇一五年九月橫死在地中海沙灘上的小男孩艾倫，就是家人為了躲避伊斯蘭國攻擊，帶著他逃難，才不幸罹難。伊斯蘭國除了狠毒手段超越以往，它的宣傳手法更是細緻高明。它運用了西方攝影技術與網路傳播科技，製作大量精良的宣傳影片，吸引許多中東、甚至是歐洲的年輕人加入，另外也利用散播其處決敵人的恐怖影片，來達到威嚇敵人的目的，使得許多人光是從影像就對其膽寒三分。而這個組織當時利用這氣勢，以驚人的速度迅速擴張版圖。二〇一三年成立後，不久就在敘利亞組織軍隊，二〇一四年六月入侵伊拉克。因為伊拉克政府的腐敗無能，伊斯蘭國軍隊如入無人之境，數天內就占領伊拉克四分之一的土地，其中也包括了庫德自治區跟伊拉克中央政府的爭議領土（基爾庫克跟摩蘇爾）。同年八月，伊斯蘭更入侵伊拉克北部的庫德自治區，在庫德敢死隊奮力抵抗下，伊斯蘭國節節敗退，竟讓庫德敢死隊從伊斯蘭國手上搶回基爾庫克。庫德自治政府收回基爾庫克後，立刻大量販賣石油，自治區的經濟問題立刻得到舒緩，讓自治區政府深感經濟自主不受他人箝制的重要性。伊斯蘭國的侵略突顯出伊拉克政府的無能與自治區經濟自主的重要性，更讓庫德人燃起獨立的念頭。

伊斯蘭國的崛起

伊斯蘭國的崛起可以遠從一九七九年蘇聯入侵阿富汗說起，當時蘇聯為了保護其扶植的卡爾邁勒（Babrak Karmal）政權，揮兵直入阿富汗。阿富汗人不願意看到自己的國家被外人佔領，紛紛組織成反抗軍與蘇聯軍隊對抗，當中也有來自中東各地的年輕人。蘇聯軍隊佔領阿富汗並帶來共產主義及激進的社會改革，阿富汗穆斯林為了維護自身信仰與生存而戰，因此這些民兵自稱「聖戰士」（Mujahidin），表示他們是為了維護伊斯蘭信仰而從事神聖戰爭的戰士。那時正值美蘇冷戰的高度對峙時期，蘇聯將阿富汗納入其勢力範圍的舉動等於打破了兩大超強之間的微妙平衡，美國因此暗助這些「聖戰士」，透過巴基斯坦將各種軍事裝備運送到阿富汗聖戰士手上，使其能獨立對抗蘇聯占領軍。一九八九年蘇聯撤軍，這些來自中東世界各地的聖戰士經過數年戰爭的洗禮，培養出兩名極端教義分子，一個是來自沙烏地阿拉伯、成立了蓋達組織的奧薩瑪．賓拉登（Osama bin Laden）；另一個是成立了伊拉克基地組織（Jama'atal-Tawhidwal-Jihad）的約旦人阿布．穆薩布．札卡維（Abu Musab al-Zarqawi）。

二〇〇四年美伊戰爭後，阿布．穆薩布．札卡維的伊拉克基地組織宣布效忠賓拉登所領導的蓋達組織，稱為伊拉克蓋達組織（Al-Qaeda in Iraq，簡稱ＡＱＩ）。二〇〇六年，阿布．穆薩布．札卡維在一次美軍的空襲中喪生；同年年底，由札卡維的接班人阿布．奧馬爾．巴格達迪（Abu Omar al-Baghdadi）為首在伊拉克成立一個軍事組織，稱為伊拉克伊斯蘭國（Islamic State of Iraq，簡稱ＩＳＩ）。[1]二〇一〇年，阿布．奧馬爾．巴格達迪也在一次美國空襲中喪生。阿布．奧馬爾．巴格達迪與其繼任阿布．貝克爾．巴格達迪（Abu Bakr al-Baghdadi）的關係非常密切，在阿布．奧馬爾・巴格達迪過世之前，就建議阿布・貝克爾・巴格達迪成為他的繼任者並領導伊拉克伊斯蘭國。不過兩人名字雖相似，但沒有親戚關係。

阿布・貝克爾・巴格達迪接手後宣稱為了報復賓拉登被美國殺害，在短短一年內於伊拉克境內發起了一百多起恐怖攻擊事件。而且為了報復美國，他的恐怖攻擊集中在伊拉克首都巴格達，主要是因為美軍還駐守在那裡。但這些攻擊往往造成平民百姓的死傷，其中包含許多孩童。

二〇一一年的阿拉伯之春引發民主浪潮，敘利亞獨裁者巴沙爾・阿薩德（Bashar al-Assad）以暴力鎮壓示威者，示威者反擊，演變成內戰。敘利亞的蓋達組織此時是由阿布・穆罕默德・約拉尼（Abu Mohammad al-Julani）所領導，他們也加入了反抗軍，宣布成立「納斯拉陣線」（Al-Nusra Front，又稱勝利陣線）。這時阿布・貝克爾・巴格達迪也將伊拉克伊斯蘭國部分人員送到敘利亞，作為蓋達組織的分支。阿布・貝克爾・巴格達迪利用敘利亞內戰，大量吸收聖戰士，也順勢接收鄰近蓋達組織的勢力，於是伊斯蘭國在敘利亞的勢力漸漸擴大。二〇一三年四月，伊拉克伊斯蘭國的領導人阿布・貝克爾・巴格達迪聲稱時任納斯拉陣線的領導人阿布・穆罕默德・約拉尼已經與伊拉克伊斯蘭國派往敘利亞的組織匯合，巴格達迪還聲稱要將兩個組織合併成為「伊拉克和沙姆伊斯蘭國」（Islamic State of Iraq and Al-Sham）。阿布・穆罕默德・約拉尼宣布與伊拉克伊斯蘭國結合，並用「伊拉克和地中海東部地區的伊斯蘭國」名義融合，正式成為伊斯蘭國（Islamic State of Iraq and al-Sham，簡稱ISIS）。[2]

伊斯蘭國的出現讓恐怖攻擊行動有了新的定義。在九一一以前的恐怖攻擊，多是集中在特定西方國家，都是精心規劃、規模宏大、破壞力強的攻擊事件，而且事發後很快就有組織出來承認。但現在的恐怖攻擊，不是伊斯蘭國就是有心理問題的人發起的。伊斯蘭國像是整合所有的恐怖組職及全世界的極端主義者的團體，他們鼓吹個人或小規模的團體自主為聖戰犧牲，造成現在全世界各地隨時都可能發生恐怖攻擊。這些恐攻很多都是由個人或是少數人發動，規模都小小的，雖然有時還是會造成大量的傷亡，但因為每個個人都可以成為恐怖分子，恐攻事件發生的次數變得很頻繁，像不定時炸彈般難以預測，讓人感到更恐慌。而且恐攻的發生地已經不似過去集中在少數西方國家，現在幾乎是不分國家、語言、信仰、人種跟區域，讓人防不勝防，可以說現在世界上已經沒有百分之百安全的地方了。

伊斯蘭國殘忍迫害雅茲迪人

伊斯蘭國在伊拉克肆虐的血腥史，遠比大家認知的時間還早。早在阿布．貝克爾．巴格達迪領導伊拉克伊斯蘭國時，該組織即不斷以恐怖攻擊方式，襲擊警察、軍隊機構與殘害平民百姓。在海珊倒台後，美國扶植了什葉派領導伊拉克，但這個什葉派政府依舊無能貪腐，也同樣打壓遜尼派與庫德人。這時的伊斯蘭國大量吸收了海珊時期遜尼派政府軍隊與反什葉派人士加入，因此伊斯蘭國可說是遜尼派武裝組織，主要活躍於伊拉克北部。伊斯蘭國奉行極端保守的伊斯蘭律法，強迫其他宗教改信伊斯蘭教，並對付敵對教派什葉派與屠殺雅茲迪人（Yazidis），尤其是對雅茲迪人的虐殺更是毫不手軟。

雅茲迪人屬於庫德族的一支，大部分居於伊拉克西北部，人口大約七十萬。他們信仰自己族群的宗教，也就是雅茲迪教。另外，雅茲迪人崇拜「孔雀天使」（Tawsi Melek），所以雅茲迪教也被稱為「孔雀教」。因為孔雀天使拒絕向亞當跪拜的故事與《古蘭經》中的惡魔伊布力斯（撒旦）的情節類似，加上「孔雀天使」又稱 Shaytan，與「撒旦」發音相近，因此雅茲迪人長久以來被穆斯林視為「拜魔鬼的人」。除了雅茲迪教，庫德族另一個遠古教派就是瑣羅亞斯德教（Zoroastrianism），中文又叫做「祆教」，俗稱「拜火教」。後來這一支教派的信徒在阿拉伯人入侵後，紛紛改信伊斯蘭教，他們的後人就是現在我們庫德族。瑣羅亞斯德是祆教的先知與創始者，其波斯原名為「Zarathustra」（中文譯作查拉圖斯特拉）。哲學家尼采在其哲學鉅著《查拉圖斯特拉如是說》，就是假借這位瑣羅亞斯德之口闡述其哲學思想，不過這是題外話。

雅茲迪人是個極端保守的族群，他們永不改教，不與異族通婚，也不接受外族，這支遠古的宗教就這樣保存了下來，但它的封閉性與排他性也讓這個族群被穆斯林排擠壓迫。在二〇〇七年更發生了一名雅茲迪女子與穆斯林男子私奔並改信伊斯蘭教，遭其族人投石致死。此事件引發伊斯蘭的極端分子不滿；當年八月，遜尼派穆斯林即以炸彈回擊雅茲迪。也因為雅茲迪族本來就不被穆斯林所容忍，因此伊斯蘭國興起後雅茲迪人首當其衝，成為聖戰士報復的主要目標。許多雅茲迪教徒被斬首，或被斬斷手腳釘在十字架上殺死，或是被活埋；婦女被姦殺或淪為軍妓、性奴隸。當中最有名的受害婦女娜迪雅．穆拉德（Nadia Murad），她在被俘期間不斷被強暴、還被轉賣成性奴隸，最後輾轉逃出。她站出來向國際社會揭露她的遭遇，促成聯合國安理會成立專責組織調查伊斯蘭國的暴行，也因為她的勇氣，在二〇一八年獲頒諾貝爾和平獎。伊斯蘭國的手法過於殘忍，就連其早期投靠過、向來以激進聞名的蓋達組織，也受不了而選擇與其劃清界線。

瘋狂鐵殼車

伊斯蘭國剛開始時也僅是數萬人的組織，但它的攻擊方式卻是前所未見。他們常常將一般車輛改裝，用鋼板包裹車身，僅留著駕駛對外的車窗，其他車身則被包得密不通風，滴水不漏。每輛車的造型不一，但都醜陋且笨重至極。這些車往往裝滿炸彈，就像是一座可移動的炸彈小堡壘，也可以說是一具活動的棺材。這樣一輛炸彈車由一個聖戰士駕駛，唯一的目標就是駛進政府機構、警察局或部隊中，然後引爆，不但對政府機關造成極大的破壞，也往往造成許多平民百姓的傷亡。在當時伊斯蘭國占領的地方，這樣的汽車改裝工廠林立。也因為聖戰士這種宗教洗腦的自殺式襲擊只需投入極少資源，就可以取得最大的破壞，讓他們最初的戰役幾乎攻無不克，占領的區域也不斷擴大。不過事後檢驗那些採自殺式攻擊聖戰士屍體，很多人身上都被檢測到有注射迷幻藥物的殘跡，因此難以斷定他們的行為是出自宗教信仰，還是被藥物所控制。

二〇一四年，伊斯蘭國入侵伊拉克北部尼尼微省，無能的伊拉克政府幾乎毫無抵抗能力，國家軍隊將武器拋下便逃之夭夭，使伊斯蘭國軍隊順勢接收了大量政府軍精良的武器，頓時壯大不少。當時許多外國軍事專家都說伊斯蘭國的實力強大，就連美國總統歐巴馬在同年九月二十八日接受哥倫比亞廣播公司（CBS）新聞節目《六十分鐘》（60 Minutes）訪問中也坦承在初期誤判伊斯蘭國實力，並且對伊拉克政府的戰力感到失望。事實上歐巴馬的說法對了一半，伊斯蘭國剛開始確實只是幾萬人的小軍隊，訓練也不如正規軍，但他們靠著這些自殺鐵殼車攻城掠地，短時間內實力大增。而歐巴馬唯一說對的，就是伊拉克政府軍實在太差了。伊斯蘭國初期順利占領了油田、水庫等重大資源，在武器、資金充裕的情況下，其猖狂氣燄可說是不可一世。它迫害其他教派與異教徒，造成數百萬伊拉克人流離失所，還有許多美索不達米亞文明的遺址遭到摧毀。除此之外，伊斯蘭國也在歐洲國家製造恐怖攻擊，不斷拍攝新的恐怖影片並透過網路播送威脅全世界，使世界籠罩在伊斯蘭國的恐怖陰影之下。

同仇敵愾的庫德敢死隊

在全世界對伊斯蘭國束手無策，伊拉克國家軍隊也早就丟兵棄甲、潰不成軍之時，整個伊拉克只剩庫德敢死隊敢於面對伊斯蘭國。所以有時我想，很多軍事評鑑雖然常以國家軍事預算來排名，比較國家軍隊的強弱，但將這些標準用在評斷地面作戰部隊上卻不一定精準。舉例來說，一九八〇至八八年的兩伊戰爭和二〇〇三年的美伊戰爭中，伊拉克軍隊就有很多逃兵，因為他們不想為一個獨裁政府丟掉寶貴的生命。而在二〇一四年伊斯蘭國逼近庫德自治區邊境的時候，庫德軍隊一下子增加了好幾千人，因為全國同仇敵愾，很多平民百姓都希望加入軍隊共同對抗伊斯蘭國。因此軍力不能只以預算評估，還要看有沒有得民心，人民是不是跟政府站在一起。伊斯蘭國雖然恐怖，但對庫德敢死隊而言，對抗伊斯蘭國與過去對抗海珊軍隊毫無二致，都是保護自己的土地與人民。更何況過去海珊軍隊殘暴的程度遠遠超越伊斯蘭國，只是過去這些訊息都被海珊隱匿，不為世人所知而已。面對伊斯蘭的不斷推進，庫德敢死隊立刻集結成軍，把一直想要進攻到庫德自治區的伊斯蘭國阻擋在外，再加上歐美各國適時提供軍火武器給庫德敢死隊，讓庫德族有足夠的武器來對抗伊斯蘭國。當然也有人會說庫德族是靠美國的支援才能打贏伊斯蘭國，但是庫德族部隊是在地面用生命，直接面對面對抗伊斯蘭國，並不是用高科技跟飛彈等武器，可以說每一場勝戰都是庫德人用生命換取的。

英勇的庫德女兵

庫德敢死隊英勇對抗伊斯蘭國的表現讓世人眼睛為之一亮，但最讓人驚嘆的是庫德女兵的表現。眾所周知，伊斯蘭國視女性為男性附屬品，低賤如泥，就連加入伊斯蘭國的女性，也被視為次等公民，沒有男人的允許，什麼都不能做。對待女性俘虜更是毫無人性可言，動輒輪暴凌虐，許多駭人聽聞的故事不斷傳出。但這些聳動的傳聞並沒有動搖庫德女兵，反而更激發她們的戰鬥意志。而伊斯蘭國的聖戰士認為如果能為聖戰犧牲，就能上天堂享受七十二名處女；但若死於女性之手，就不能上天堂。因此這些聖戰士極怕與這些庫德女兵交戰，深怕死於她們的槍下，而無法上天堂享受。台灣的一個談話性節目曾播出一段令人印象深刻的畫面：一名年輕的庫德族女狙擊手對窗射擊時，幾乎同一時間，另一發子彈對著她的頭射擊過來，只差幾公分她就會被子彈爆頭；節目中的來賓對子彈劃過女戰士頭側的那一瞬間莫不驚呼出聲，但這個年輕女孩似乎無視剛剛的九死一生，她反而淺淺一笑、慢慢地蹲下身體，一副稀鬆平常的樣子。

我在二〇一八年安排《上報》記者簡嘉宏、曾信原赴庫德自治區採訪時，曾拜訪庫德族女軍官娜希達（Nahida Ahmad Rashid）。這位女軍官出生於敢死隊世家，她的父親與哥哥們都是敢死隊員，後來她也嫁給了敢死隊員。她在一九九六年入伍，已經服役二十多年了。她強調在敢死隊中，所有的訓練、競爭與升遷對男女都是一視同仁，不會因為性別而有不同的待遇，她認為這才是真正的尊重女性。國防部在估量整體戰力時，也是男女等同計算。她在另一次電視採訪中，也提到庫德女兵不但有狙擊部隊，也有坦克兵團。她回憶參與國際聯軍對抗伊斯蘭國時，當時率領三百名女性敢死隊員駐紮在基爾庫克，離伊斯蘭國的營區僅僅兩百公尺，用肉眼即可看到伊斯蘭國的聖戰士活動情形。後來她率領的部隊也曾俘虜了二十名伊斯蘭國戰俘；這些受傷的「聖戰士」被俘後不斷求饒，他們大概以為敢死隊與他們一樣，會對他們採取不人道的酷刑吧！娜希達表示：我們畢竟與他們不同，我們打仗是為了保家衛國，我們是人，不是殺人機器。最後還是帶他們到醫院接受治療。而在戰爭中，最讓娜希達感到難過的是同袍的殉職。二〇一四年十月四日，在基爾庫克的一場戰事中，她隊上有位年僅二十四歲的狙擊手瑞晶（Ragen）不幸被擊斃。瑞晶雖然年紀輕輕，但已入伍六年，也是兩個孩子的媽，她的表現非常突出，也立下許多戰功。後來伊斯蘭國戰事結束，在瑞晶殉職的城鎮中，有一條街道特地以她的名字「Ragen」為名，紀念她的犧牲。事實上，庫德自治區對於在對抗伊斯蘭國戰役中英勇犧牲的敢死隊都會有各種形式的追思。例如在我們城市的各個檢查哨前，都會排列一張張這些烈士的肖像，供每個路過此地的庫德人與旅客瞻仰、追思。當《上報》的採訪小組詢問娜希達，庫德人如何看待敢死隊、對於女性敢死隊的看法又是如何時，娜希達表示庫德族長期遭受迫害，時時都得面對戰爭的威脅，而庫德人都知道保護國家不分男女，加入敢死隊，不論男女，都是一件非常光榮的事。她也引用了西羅馬帝國時期的軍事家維蓋堤烏斯（Publius Flavius Vegetius Renatus）著作《論軍事》（*De Re Militari*）的一句拉丁格言：「**汝欲和平，必先備戰**」（**Si vis pacem, para bellum**），也就是說確保和平最佳的手段就是隨時備戰。而這也是庫德自治區政府的立場，這並非好戰，而是居安思危。

那次台灣記者訪問娜希達，對於她的信念「國家是大家的，為了生存奮鬥為什麼還要分男女！」印象深刻。而娜希達在另一次接受俄羅斯記者的訪問中，記者問她是否曾經想像過如果未來和平來臨，會不會想要做不同的工作？娜希達還是堅定地回答：「我一樣會是個敢死隊員，因為這樣才能繼續保護我們的權利、安全、民主。」我對娜希達的回應並不感到意外，如果沒有與我們擁有相同的經歷，很難理解女性為何熱愛參與軍隊，而且如果有更好的選擇，為何還是要參加軍隊？事實上，敢死隊員的收入並不比其他公職的收入豐厚，大概比一般老師多兩至三成。但是大家都知道，敢死隊隨時都要有上戰場的準備，這個職業的死亡風險極高，因此它的收入與風險根本不成比例。庫德人一生無可避免地必須面臨許多戰爭，我們知道要生存下去，就是要戰鬥。這不是什麼可以選擇的議題，而是維護生存與權利的必須。為民族國家而戰這個信念早就根植在庫德人生命裡，所以這根本就不是個問題。

伊斯蘭國造就團結的庫德族

伊斯蘭國的強大威脅也間接促成土耳其、伊拉克和敘利亞的庫德人放下歧見，一起團結對抗。最明顯的一次是發生在二〇一四年，庫德敢死隊為了支援敘利亞庫德人，穿越了土耳其庫德區域進入敘利亞，這是以前完全不可能發生的事！而當伊斯蘭國進入伊拉克、控制了尼尼微省的辛賈爾（Sinjar）時，敘利亞的庫德組織「敘利亞人民保護部隊」（YPG）進入伊拉克，協助雅茲迪人逃離，並開闢了一條安全的路徑讓雅茲迪人逃往辛賈爾山（Sinjar Mountains）。[3]伊斯蘭國在敘利亞跟伊拉克的邊境攻擊庫德人，促使了這些國家境內的庫德人變得更團結。事實上，伊斯蘭國對敘利亞和伊拉克的庫德人的攻擊是最猛烈的，其攻擊也可說是各國的庫德族在歷史上第一次面對來自同一個實體的威脅，不受國家跟地理邊界的約束，這加深了庫德人的民族意識。伊拉克的庫德人焦急關注著敘利亞庫德人在科巴尼（Kobani）地區進行的絕望的戰鬥，為了一起反擊伊斯蘭國的攻勢，伊拉克庫德人也主動走上街頭，呼籲所有庫德人要一起支援科巴尼，最後庫德敢死隊交叉進入科巴尼，並跟敘利亞的庫德軍隊合作從伊斯蘭國手上搶回科巴尼的控制權。此外，數以百計的土耳其、伊拉克和伊朗庫德人也加入「敘利亞人民保護部隊」，這部隊是由敘利亞庫德人組成的「民主聯盟黨」（Democratic Union Party，簡稱ＰＹＤ）所領導的。[4]這支部隊成立初期，在敘利亞內戰時是採取較為保守的方式參與戰鬥。但在伊朗、土耳其和敘利亞庫德人加入後，它與庫德敢死部隊在伊拉克一起對抗伊斯蘭國。這事件是一個重要指標：曾經團結的庫德斯坦被劃分成四個國家，現在因為伊斯蘭國的關係又團結起來，顯示流散在各國的庫德人可以為了民族與族人的生死存亡放下歧見與爭端，這是過去所沒有的團

圖8.1　伊斯蘭國大事件表

時間	事件	結果
2013	伊斯蘭國成立	恐怖攻擊影響整個伊拉克及全世界。
2014	軍隊從敘利亞進入伊拉克	快速控制伊拉克很多城市。
2015	伊斯蘭國軍隊最強時期	已經控制49%的伊拉克領土。[5]
2017-2018	伊斯蘭國在伊拉克戰敗	全部撤出伊拉克。

結跟勝利！庫德族經過伊斯蘭國的洗禮之後變得更強大，也更有實力與自己的中央政府談判，也讓庫德族獨立建國露出一線曙光。

庫德軍隊意外大幅收復傳統領地

早期庫德族的領地比現在的庫德自治區要大，擁有幾個盛產石油的省分。一九九一年庫德自治區成立時，當時的海珊政府不願意讓所有的庫德族領地全部納入庫德自治區內，尤其是石油豐富的基爾庫克。基庫爾克的人口主要以庫德人為最大族群，約占總人口的百分之四十八，而其他則是一些少數民族，[6]但是海珊為了不讓庫德人在基爾庫克成為最大的民族，在基爾庫克實行了阿拉伯化的政策，並強迫驅逐了數千個庫德族家庭，更讓大量的阿拉伯人搬進基爾庫克定居。海珊政權垮台後，大量的庫德人又搬回到基爾庫克原本的家鄉。回歸後的庫德人跟住在城鎮裡的阿拉伯人不斷發生衝突，因此這個省分至今一直處於不穩定的狀態。[7]海珊垮台後的伊拉克政府也沒有以前那麼強勢，甚至變得低迷腐敗，根本無法處理基爾庫克內的民族衝突問題。

伊斯蘭國在二〇一四年入侵伊拉克時，石油產量豐富的基爾庫克當然成為伊斯蘭國首要想奪取的目標。伊斯蘭國在幾週內很快速地占領了摩蘇爾跟基爾庫克等多個城市，伊拉克軍隊根本無法對付，最後也只剩庫德敢死隊敢直接迎戰伊斯蘭國。為了不讓伊斯蘭國進入庫德自治區，庫德敢死隊將防線設在庫德自治區邊境以外的區域。伊斯蘭國占領的摩蘇爾跟基爾庫克這兩個省分，就是在庫德自治區邊境外的庫德人省分，因此庫德敢死隊將防線擴大到這些地區，讓邊境以外的庫德區成為庫德軍隊的保護區。[8]

由於基爾庫克是許多族人的家鄉，對庫德族意義重大，庫德敢死隊拚盡全力也要與伊斯蘭國對抗，以奪回這些以前由伊拉克中央政府管理的區域。尤其這些區域在過去都是伊拉克政府與庫德自治政府之間有爭議的領土，所以對庫德人而言，它不僅是伊拉克政府的，也是庫德人的，庫德敢死隊有責任保護這些領土跟城鎮。很快地庫德敢死隊在基爾庫克取得大多數區域的控制權，尤其是有石油的區域。伊拉克政府也因為有庫德敢死隊協助的關係，國家緊張和無力控制局勢的問題得到了緩解，庫德自治區政府在有爭議的領土問題上也暫時得到了伊拉克中央政府的妥協。庫德自治區本來只有三個省分（艾比爾、杜胡克、蘇萊曼尼亞），但是經過跟伊斯蘭國戰爭並從他們手中奪回所有庫德區的土地跟城鎮，庫德敢死隊占領的區域比原來的庫德自治區要大很多。

無能的伊拉克中央政府

伊斯蘭國之所以能夠迅速地占領伊拉克中部，是因為伊拉克政府及國家軍隊不堪一擊，在戰爭一開始就丟盔棄甲，讓伊斯蘭國搶下很多伊拉克國家軍隊的軍火跟坦克，以及俄羅斯的飛機跟坦克。無能的中央政府只能眼睜睜看著伊斯蘭國在境內屠殺自己的人民，占領油田、破壞古蹟，造成伊拉克嚴重的損害。相較之下，庫德敢死隊在資源不多的情況下，竟可以正面迎戰伊斯蘭國，並且有效嚇阻其不斷推進，更奪回基爾庫克等重要產油基地。伊斯蘭國所產生的問題對伊拉克政府造成很大的衝擊，失去基爾庫克跟油田的控制權更是難堪。這表示伊拉克軍隊沒有能力保護自己的領土。

因為庫德族願意一戰，彌補了歐美不願派出地面部隊與伊斯蘭國正面衝突的顧慮，因此歐美各國就以供應庫德敢死部隊武器軍火的方式予以支持，美國及其盟友開始聯合對庫德敢死隊空投武器槍枝等軍火，使得庫德敢死隊有能力持續對抗伊斯蘭國。德國則反對提供軍火給庫德族，原因是會違反德國憲法，而伊拉克政府雖也公開反對其他國家支援軍火給庫德敢死隊，但也僅止於口頭上的反對。美國除了提供軍火給庫德族外，也用無人機打擊伊斯蘭國的訓練所及火藥庫；這個時期的美國跟庫德族配合得天衣無縫，成功打擊了伊斯蘭國的勢力，而伊拉克政府完全毫無作為，只能在旁邊期待伊斯蘭國被消滅。面對這樣軟弱無能、根本無法保護自己人民的伊拉克政府，庫德人心底根本就瞧不起，甚至覺得是一個大包袱。在當時大部分庫德人的心裡，認為伊拉克中央政府能夠繼續存在，而不被伊斯蘭國吞沒，都是庫德族的貢獻。庫德人對抗伊斯蘭國的勝利與國際社會的肯定，更對照出伊拉克政府的無能，更別說是要領導庫德族了。此時是庫德人自覺是最強盛的時候，讓自治區政府開始覺得這或許是獨立的最佳時機，因此展開了庫德族獨立建國的各項工程。

第九章
獨立公投與各國的反應

伊斯蘭國史無前例的殘暴雖然帶來恐懼，卻讓各國的庫德族看到了獨立建國的機會，且經過與伊斯蘭國一役，他們體認到未來與他國庫德族合作的可能性，而且這也是他們與各自政府談判的籌碼。其次，伊拉克庫德族在此次戰役後，收回了不少過去庫德傳統領地，尤其是大油庫基爾庫克，讓自治區感受到經濟自主的重要性。而壓跨庫德人與伊拉克政府關係的最後一根稻草就是當庫德人對抗伊斯蘭國時，伊拉克政府的冷漠與袖手旁觀，這樣的反應讓庫德人寒透了心。在領土擴大，又有油田收入，以及正值伊拉克政府最孱弱的時期，庫德自治區政府開始有了舉辦獨立公投的想法。

所有衝突之母——基爾庫克

「坐在石油桶上的游牧民族」是國際社會對庫德族的暱稱，但擁有這樣的財富是幸也是不幸！這麼巨大的財富，注定了庫德族命運多舛的獨立之路。從一開始庫德族是該被土耳其管轄，還是被伊拉克管轄，又或是自己成為一個國家，結果到最後被劃分成四個國家而成為各國的少數民族，都跟石油的利益脫不了關係。不幸的是，庫德自治區成立後，不論是跟伊拉克政府的衝突，或是自治區內的鬥爭，也多是因為石油利益的分配。「石油第一」作為庫德地區的經濟支柱是不會改變的，而庫德政府也早已繪製了現在和未來要成為獨立國家的地圖。但是石油問題怎麼解決、該如何就經濟利益上的分配進行談判，都是庫德政府與中央政府長期以來的問題。

庫德族會被稱作「坐在石油桶上的游牧民族」，主要在於伊拉克兩大油田產區摩蘇爾與基爾庫克都位處於庫德族的傳統領域，居民以庫德人為多數。但在海珊執政時期，政府在這兩個地區執行種族清洗政策，刻意將大量阿拉伯人移入，逼迫庫德族大量的遷出。時至今日，摩蘇爾的阿拉伯人已成為多數，被伊拉克政府掌握；而不屬於自治區的基爾庫克仍以庫德族占多數，因此基爾庫克的管轄權一直是自治區政府與中央政府最大的爭端。

基爾庫克是伊拉克古老的石油省分之一，早在一九二七年就發現豐富的石油蘊藏。伊拉克現在是石油輸出國組織的第二大生產國，僅次於沙烏地阿拉伯。它從南部油田出口兩百二十萬桶，來自基爾庫克油田的就有四十萬桶，是伊拉克三大油田之一；基爾庫克也是伊拉克第二大石油輸出城市，僅次於南部的巴士拉。另外，在基爾庫克境內有一條通往土耳其的輸出油管，成為土耳其重要能源的源頭。用「懷璧其罪」來形容基爾庫克的命運實在是再貼切不過——這座本該是美麗的黃金城市，卻因為石油利益變成庫德政府跟伊拉克政府之間爭議衝突的源頭。而庫德政府與伊拉克政府在基爾庫克的角力，也影響了與土耳其的外交問題，因為基爾庫克的庫德人勢力消長，攸關土耳其能源的供給，也牽動土耳其與國內庫德族的糾紛。換言之，基爾庫克的歸屬問題不只影響伊拉克內政，也牽涉到對外關係，因此長年以來，為了爭奪基爾庫克控制權所造成的衝突成了庫德人心中永遠的痛。庫德人視此問題跟加薩走廊的問題一樣嚴重，因此基爾庫克也被稱為「庫德族人的耶路撒冷」。

基爾庫克是一個多民族城市，主要由阿拉伯人、庫德人、土庫曼和其他各族組成，由於占多數的群體就有權成為政治主導者，而產油的利益又如此巨大，故此區族群問題複雜，衝突不斷，說基爾庫克是伊拉克「所有衝突之母」實不為過。也因為基爾庫克如此重要，從發現石油開始，伊拉克政府就有意排除庫德族。打從一開始，伊拉克的石油公司就從不聘用庫德人。庫德人甚至有一句俗語：「石油公司全都是阿拉伯人。」除了石油公司只聘用阿拉伯人，當時的伊拉克政府早就意識到不斷增加的庫德人將成為國家危機，因此一九三六年就開始在基爾庫克進行第一階段阿拉伯化政策。當時石油開始挖掘，阿拉伯人就在基爾庫克郊區建立一個以阿拉伯人為主的城市哈加（Hawija）。其中的住民都是從中部阿拉伯人的城市迪亞拉（Diyala）搬進來的，人數將近兩萬，從此埋下種族衝突的開端。第二階段阿拉伯化政策始於一九六三年二月伊拉克政變後，由阿拉伯復興社會黨接管統治。這次的阿拉伯化政策的執行程度比上一次更為徹底，庫德族被驅逐與被毀壞的村莊約有三十三座；復興社會黨也賦予阿拉伯部落土地並武裝他們，更在這些地區附近的高地上建立軍事設施，以便保護阿拉伯人。一九六五年的人口統計顯示，阿拉伯人明顯增加，而這是因為阿拉伯化政策徹底執行的關係。阿拉伯化政策的第三階段——種族清洗，使基爾庫克經歷最劇烈的轉變。自一九六八年後，伊拉克政府針對基爾庫克的庫德人制定更嚴苛的政策與手段，例如：

一、在公部門方面，老師、政府行政人員及在石油公司工作的所有庫德人，都必須離開基爾庫克，但不是失去工作，只是移居其他城市。

二、所有有關庫德族的名稱都必須更換為阿拉伯名稱，例如校名、店名、路名、行政區等，意圖讓庫德文字徹底在基爾庫克消失。

三、以興建公共建設或基礎建設為由，低價強制徵收庫德人的房屋土地，甚至直接推倒房舍，將庫德人徹底趕出基爾庫克。

四、行政單位將大量的阿拉伯人幽靈人口，無條件移入基爾庫克的戶政系統裡，以稀釋庫德人在基爾庫克的人口比例。

五、庫德人若想要買城市內的土地或房子，條件比一般阿拉伯人嚴苛。

六、法院警政單位羅織庫德人罪名，迫使庫德人不得不離開基爾庫克。

七、行政服務的基礎建設都建設在阿拉伯人地區，以方便服務阿拉伯人。

八、將軍隊警政單位設置在庫德人區域，讓庫德人心生恐懼，迫使他們自行搬離。

其他排擠庫德人的政策還包括在石油公司附近建設公共住宅區，提供阿拉伯人方便的住房及工作。政府甚至直接將土地贈送給阿拉伯人，並提供建設經費及低利貸款，方便他們蓋房。

基爾庫克數十年來，種族衝突頻繁發生，幾乎沒有解決的一天。被迫離開的庫德人想回來卻回不來，回來的庫德人又跟不想走的阿拉伯人發生產權衝突，而後來被迫離開的阿拉伯人中也有不想離開的，也有離開又回來的。種種一切都造成這個省分的人口結構變得非常複雜，大大小小的衝突不曾停過。為了解決基爾庫克多年來的紛爭，美伊戰後，伊拉克在二〇〇五年制定新憲法，在第一四〇條中將未被劃入庫德自治區的基爾庫克定義為「爭議地區」，並針對如何解決這些爭議領土及它們未來的歸屬問題，明訂三個處理階段：第一階段讓曾經被驅逐的庫德人可以回到自己的故鄉居住；第二階段要全面進行人口普查；第三階段是在爭議領土上舉行全民公投，決定未來這些地區是併入庫德自治區或留在伊拉克中央政府。而這三階段的實施必須在二〇〇七年十二月三十一日前完成。但到目前為止，伊拉克政府還是以忽視與拖延的態度在處理此事，長期談判的結果毫無成效。不過，雖然執行時間已過，此憲法條文仍然有效。但諷刺的是，因為憲法第一四〇條的規定，反而讓伊拉克政府更加速該地區的阿拉伯化。

獨立背後的政治計算

自一九九一年以來，庫德自治區一直是完全自治的狀態，二〇〇五年美國占領伊拉克後通過的伊拉克憲法給予庫德自治區廣泛的實質權力，包括組建自己的政府，建立自己的安全和軍事設施，設立領事館，接待外國官員，而這些完全不用經過伊拉克中央政府同意。庫德自治區甚至有自己的國旗和國歌，也建立自己的經濟和安全夥伴關係，特別是跟土耳其和美國建立關係，但這些權力僅僅是庫德自治政府擁有的「有限主權」[1]（亦即雖然有自己的政府，但是有些權力仍受中央政府限制）。讓庫德自治區真正獨立一直是總統馬蘇德・巴爾札尼心中的夢想；雖然馬蘇德・巴爾札尼的任期早已屆滿，應該交出總統的職位，但因為有美國在背後支持，也就一直任職到公投後，才自行辭職下台。

二〇一四年，庫德自治政府控制了基爾庫克，開始想要自己對外賣石油，從一艘滿載石油的油輪開出去繞了一整圈之後都沒有人買石油，一直努力到終於有國家願意買油。但根據伊拉克憲法，販賣石油必須獲得中央政府的批准，在與中央政府的石油生產分享協議中，庫德自治政府有必須承擔的義務，故從伊拉克中央政府的角度來看，庫德自治政府自己賣石油確實違法。中央政府在自治區開始賣油的時候，遂藉這個理由扣住中央分配款，不發給庫德自治政府。中央政府的分配款主要是給付在自治區政府工作跟領國家補助過生活的人，庫德自治區有將近百分之七十的人民是領國家薪水跟補助款過生活，在沒有分配款的這段時間，就由庫德自治政府自己給付薪水。

為了度過這個經濟艱困時期，政府將公務員的薪水減半，有時還付不出薪水，整個國家人民就這樣配合著政府。當然，因為國民收入大幅減少，也讓消費趨於保守，人民不知道這個情形還要維持多久，所以也不敢買房子，造成房地產大跌，整體經濟低迷。這樣的狀況持續了三年之久（二〇一五至二〇一七年），國家的運作竟還能繼續維持，沒有崩潰。這樣的情形對庫德自治政府來說深具指標意義，表示庫德自治區可以透過自己賣油，在完全不需伊拉克政府的資助下，達成經濟獨立自主。這時的庫德自治區經濟獨立了，也從伊斯蘭國奪回長年以來跟中央政府引發爭議的領土，而伊拉克中央政府又被伊斯蘭國擊敗到潰不成軍，再加上庫德的軍事力量這時也比伊拉克國軍要強，因此當自治區在軍事、經濟、領土的發展都達到高峰的狀態下，任何一位庫德領導人都可能會在這時選擇向伊拉克政府要求更多的權力與自主。總統馬蘇德・巴爾札尼當然也會想把握這個難得的機會。

另一個讓庫德政府不願再繼續等待，決定大幅推進獨立公投進程的原因是，庫德自治政府與伊拉克中央政府的爭議談判多年都沒有進展，包含庫德自治政府的地位問題、石油收入分配問題、庫德敢死部隊的軍事地位以及有爭議的領土及管轄權等，一直無法解決，也看不到中央政府的誠意。例如，在爭議領土方面，一九六三至二〇〇三年間，伊拉克政府對基爾庫克實施阿拉伯化政策讓這裡人口組成發生劇烈的變化，造成該地區的政治和社會情勢複雜與長期動盪。[2]此次趁著從伊斯蘭國手上搶回爭議領土，如果能再藉著獨立公投，或許能順勢解決多年爭議土地問題。此外，庫德自治政府開始對外成功販售石油，中央政府就藉口切斷應該給庫德政府的分配款一事，也讓自治區體認到不倚賴中央分配款來達成經濟自主的重要性，而自治區或許可借助公投，解決石油收入分配的問題。

因此，就在伊斯蘭國還沒真正離開，自治區經濟還沒真正站穩之時，總統馬蘇德・巴爾札尼二〇一七年六月宣布在當年九月二十五日舉行庫德獨立公投。馬蘇德・巴爾札尼此舉等於是賭上自己的政治生命，當然他也希望抓住這個庫德族整體國力最高峰的難得時刻，讓自己留名青史。但這個決定卻欠缺了縝密規劃，公投的時機似乎大部分是出於個人的政治動機而已。雖然在自治政府境內的庫德各政黨都知道，這是總統個人的政治算計，卻沒有政黨敢公開反對，畢竟獨立公投對整個庫德族而言是政治正確的議題，沒有任何人敢冒大不韙去反對。最後只有後來組成政黨的新時代運動出來公開反對獨立公投。[3]

有爭議的區域也參與公投

此次公投另一個最具意義的指標是那些庫德軍隊從伊斯蘭國搶回來的爭議領土，例如摩蘇爾、迪亞拉、基爾庫克這些城市，也一起宣布加入這次的公投行動。這形同讓原來伊拉克中央政府一直不想執行的憲法第一四〇條在這次公投中獲得實現。當這些城市紛紛表示願意加入公投選舉，讓伊拉克中央政府相當緊張，因為這代表國土分裂將會大幅擴大；再加上這些城市區域內的油田數量占全伊拉克大部分的產量，如果真的讓庫德自治區成為一個獨立的國家，豐富的資源將會被庫德自治政府大部分掌控，伊拉克將會瞬間成為一個貧窮的小國。因此伊拉克中央政府一定會聯合其他國家一起反制庫德公投。公投前一天，伊拉克政府在基爾庫克釋放出很多假新聞，例如不會舉辦公投、會有自殺攻擊事件等等，企圖影響基爾庫克人民出門去投票。

伊拉克政府的反應

雖然伊拉克中央政府執政無能，但面對庫德自治區的獨立運動，它開始擺出強硬態度及遊說動作，對外宣稱反對國土分裂，對內則表示拒絕與庫德自治政府談判有關國家分裂的事。自治區總統巴爾札尼則一直對外表示，之所以要舉辦獨立公投是為了未來能有更多籌碼跟伊拉克中央政府談判，以解決經濟及庫德爭議領土問題。因為自治政府已就這些議題與伊拉克中央政府談判超過十年的時間，根本沒有進展。[4]

當然，伊拉克中央政府的態度一定會影響庫德人追求獨立的決心，庫德人也知道單方面的聲明獨立必定引發巨大的政治動盪，這其中所造成的效應與得失實在難以估算，所以也不太希望用這種方式達到獨立的目的。對庫德自治區政府而言，若是伊拉克中央政府願意就分享收入、石油出口、爭議領土和其他尚未解決的問題持續跟庫德自治政府談判，達成更多的約定。儘管這些約定可能沒有幾個會真正實現，但兩個政府都可以繼續努力保持現狀，雙方可以就此抱持各自的歧見。直到某一天因為對分歧感到疲倦，讓雙方就各自的最大利益進行分離的談判，如此一來也就無須走上公投這一步。但是巴爾札尼一宣布舉辦公投，就不可能再回頭了，不僅伊拉克政府不可能坐下來談判，美國與其他國家也不會協助談判。[5]

美國的態度

美國向來與海珊政府存在著很嚴重的矛盾，雖然與庫德族保持著較友善的關係，但卻是在海珊入侵科威特後，美國才開始與庫德族人進行直接和公開的接觸。波斯灣戰爭之後，美國對中東的布局產生較大的變化，因為美國攻打伊拉克一事使中東各國反美聲浪大漲，加上各國恐怖分子紛紛湧入伊拉克，促使許多恐怖組織在伊拉克順勢而生。這些恐怖組織日後也都影響了其他國家，例如伊斯蘭國對敘利亞。庫德自治區對美國來說有著重要的戰略利益關係，除了在地理上可以制衡伊朗、伊拉克等國，在介入區域戰爭時與庫德族軍隊合作也可減少美軍傷亡，因此美國在庫德族相關利益上也多會介入與表現支持。例如美國在一九九一年協助成立庫德族自治區，二〇〇五年支持將庫德自治區載入伊拉克憲法，成為憲法保障的自治區。

因此庫德族獨立公投這個攸關中東國家勢力均衡的重大議題，美國是不可能置身事外的。對庫德族而言，美國的表態也舉足輕重。但很不幸地，我們也可預測得到，美國反對伊拉克庫德自治區舉行獨立公投，而且它明確地公開表示公投時間並不恰當。二〇一七年七月十四日，美國的全球反伊斯蘭國聯盟特使布雷特・麥格克（Brett McGurk）在一場記者會中回覆記者對於庫德自治區舉辦公投的看法時答道：「我不認為九月應該有公投，根據伊拉克憲法，雙方的溝通很重要，如果在這個時間辦公投，會讓情勢變得不穩定……目前伊斯蘭國戰爭還未結束，當地情勢非常複雜，伊拉克的安全部隊與敢死隊都還在戰鬥中，這不是一個舉行公投的好時機。」庫德族當然非常注重美國的反應，美國若不支持庫德獨立公投，大家心裡都知道會帶來什麼結果。當初庫德自治區的成立，也是因為美國支持，伊拉克同意下才能成功。但何時是好的時機？過去庫德自治政府曾多次詢問美國何時可以舉辦公投，美國的回答都是「公投的時間點不對」。在美國表示反對後，整個歐洲也表態反對，不只伊拉克與其鄰國，整個國際社會也都反對此次公投。但公投計畫無論如何都要執行。

美國希望伊拉克與庫德領導人接受美國調解雙方政府之間的所有爭議問題，也試圖讓兩邊衝突不要發生，[6]這是美國、聯合國以及其他鄰國都期盼的結果。[7]庫德自治政府一直是美國在中東的主要盟友之一；再加上伊拉克與伊朗有著密切的聯繫，美國自然而然會跟庫德自治區保持良好關係來制衡兩伊關係。但是庫德人的獨立會讓庫德自治區立即出現衝突，破壞區域和平，自然也是美國所不樂見之事。如果美國支持在伊拉克建立一個獨立的庫德國家，它將會鼓勵敘利亞和土耳其的庫德人也推動獨立，進而造成土耳其與美國之間更多的問題。庫德長期以來最好的盟友美國沒有站出來支持公投，傷了許多庫德人的心。但美國是利益導向的國家，若支持庫德自治政府獨立對美國沒有好處，美國當然就不會支持。有趣的是，與美國長年不和的伊朗，在反對庫德舉辦獨立公投的立場上竟然同聲一氣，其他大國如俄羅斯與中國也只承認一個伊拉克。

以色列的支持

針對舉辦獨立公投一事，在中東國家中只有以色列表態支持，但其支持的原因仍然眾說紛紜。以色列對庫德人的支持可以是基於因為有相似的歷史背景，被長期壓迫的弱小民族需要尋求自己的家園，[8]或者是想要一個跟以色列友好的國家以牽制伊朗。但是除了口頭支持以外，以色列並沒有採取任何實際的具體行動，其支持只停留在外交層次而已。但是以色列是中東強國，它的公開支持還是讓我們很興奮。在當時，無論什麼國家或是名人支持獨立公投，都會變成重大新聞，我們的媒體都會大肆報導，鼓舞士氣。

儘管庫德自治政府說公投是談判的籌碼，而不是最終的決定，但伊拉克政府完全拒絕庫德自治政府所有關於分離談判的提議，也不承認全民投票的有效性。伊拉克副總統努里・馬利基（Nuri Kamal al-Maliki）不但要求取消公投，更以「我們不會允許在伊拉克北部建立第二個以色列」來諷刺庫德人。庫德人用和平的公民投票表達獨立的意願，卻被形容成第二個以色列，這讓庫德人相當不滿。[9]因為以色列在中東世界幾乎是穆斯林的公敵，庫德自治區人民也多為穆斯林，把庫德人類比為以色列，庫德人當然是無法接受。伊拉克政府和國際社會過度強烈的反對更激怒庫德人。

鄰國庫德族的迴響

土耳其庫德工人斯坦黨的大本營位在伊拉克、伊朗和土耳其邊境三角地帶的庫德地區賈巴勒坎迪勒（Jabal Qandil）。賈米爾・貝克（Cemil Bayik）是庫德斯坦工人黨的創始人之一，也是該黨最重要的領導人。二〇一七年，伊拉克庫德自治政府舉辦獨立公投時，賈米爾說庫德地區的獨立公投是民主權利的展現，不應該有人或政黨介入這件事。公投結束之後，庫德斯坦工人黨還派出數千名部隊成員，協助伊拉克庫德自治政府保衛基爾庫克；他們之所以派兵支援，是因為庫德自治政府在公投之後面臨伊拉克、土耳其和伊朗政府三方壓力，要求取消公投結果，特別是因為土耳其總統艾爾段（Recep Tayyip Erdoğan）一直威脅反對庫德自治政府舉辦公投，所以庫德斯坦工人黨才派部隊支援。不過這些鄰國政府的威脅也使得土耳其跟伊拉克的庫德人更加團結。

伊朗的庫德民主黨（Democratic Party of Iranian Kurdistan，簡稱ＰＤＫＩ）的重要領導人穆罕默德．納齊夫．卡迪爾（Mohamed Nazif Qadir）說：「庫德獨立公投是一個重要的國家問題，我們以各種形式支援並支持伊拉克庫德自治區公投，呼籲其支持者參加慶祝和集會活動，迎街伊拉克庫德斯坦的獨立。」

伊拉克庫德地區的公投讓伊朗庫德人產生心理、道德和政治上的影響，並讓它們想要獨立的靈魂找到情緒出口。伊拉克庫德獨立公投成為了伊朗庫德人繼續追求獨立或自治的力量跟榜樣，也團結兩個國家境內的庫德族人。

敘利亞的庫德民主聯盟黨（Democratic Union Party，簡稱ＰＹＤ）的著名庫德政治家法薩・優塞夫（Fawza Yousef）表示，伊拉克庫德人的公投可能影響敘利亞政府對庫德人的態度，並擬定更友善的政策。她說：「這是積極的一步，我們的鬥爭已經結束。」

軍事上的成功以及整個地區的客觀條件都讓敘利亞政府與境內的庫德民族達成了共識。這位敘利亞庫德領導人表示，伊拉克庫德人在最近舉行的全民公決中投票決定獨立，這個結果會大大鼓舞敘利亞的庫德人，並可藉此敦促大馬士革政府進行自治區的談判。伊拉克庫德人決定公投後，也確實讓敘利亞政府願意與庫德族人坐下來就成立庫德自治區的問題進行談判。因此數百名庫德人聚集在敘利亞東北部的卡米什利（Qamishli），慶祝在伊拉克舉行的公民投票。

鄰國的態度

雖然鄰近國家的庫德族人對庫德自治區的公投抱著熱切的期待，但是這些國家的政府卻完全抱持相反的態度。對自治區而言，這些鄰國與自治區土地相連，他們的態度與自治區的安全自然是息息相關。因此在準備公投同時，自治區政府密切監視鄰國動態，而我們這些小老百姓當時也很仔細關注鄰國新聞。

在所有鄰近國家中，伊朗對庫德政府宣布獨立公投的反應最強烈，因為伊朗意識到這股威脅將造成國家內外政治上的重大動盪。伊朗的庫德人有將近八百萬人口[10]，他們可能會以公開支持或更強烈的方式參與伊拉克庫德自治區的獨立公投。因此，若伊拉克庫德自治區獨立成功，就會鼓勵伊朗境內的庫德族追隨伊拉克族人的腳步，要求分離並成立實體政權。[11]而在對外關係上，面對這個在邊境上可能成立的一個新的庫德國家，可以預想到的是，新國家一定會向美國傾斜，包括會與以色列維持友好關係，這也使伊朗認定，這樣獨立後的庫德自治區無疑將成為其敵對之國的潛在基地。

尤其在一九九一年庫德自治區成立時，伊朗當時支持庫德自治區只是為了打擊伊拉克海珊政府，直到二〇〇三年美伊戰爭，庫德自治區協助美國軍隊從庫德與伊拉克邊境進入伊拉克打擊海珊時，伊朗才意識到庫德自治區未來可能會成為美國在伊朗邊境的友好政權。這讓伊朗感到不安，開始試圖製造庫德自治區與美國的矛盾，也試圖阻止庫德自治區獨立建國。

伊朗政府明確表示反對庫德自治區獨立，要脅在公投後可能對庫德政府採取更重的懲罰措施，例如關閉邊界。如果伊朗與庫德自治政府的邊界長期關閉，可能會導致伊朗的庫德省分動亂和衝突上升。因此伊朗庫德人對伊拉克北部獨立的庫德政權的反應，將會影響伊朗政府對庫德人政策的決定。[12]

土耳其的庫德人口約有一千五百萬。[13]就如伊朗一樣，土耳其政府同樣強烈反對獨立公投，更開始在庫德自治區的邊境地區展開軍事演習。土耳其跟庫德自治區在經濟上互相依賴，尤其是庫德自治區的多數貿易必須從土耳其進口，若土耳其關閉邊境，對庫德自治區的經濟衝擊將會相當嚴重，再加上若伊拉克將庫德自治區邊境關閉，庫德自治區將會陷入進退維谷的困境。[14]同樣地，土耳其政府深怕境內的庫德族追隨伊拉克庫德族的腳步，要求分離並成立獨立政權。因此土耳其跟伊朗合作，共同阻止伊拉克庫德自治區獨立建國。也因此土耳其、伊朗跟伊拉克政府聯合組成堅強的鐵三角。

在庫德自治區準備公投期間，伊拉克和伊朗部隊計劃在庫德自治區邊境附近進行聯合演習，包括坦克、飛機和武裝直升機的演習。而土耳其外交部長梅夫呂特・恰武什奧盧（Mevlüt Çavuşoğlu）表示，土耳其願意支持伊拉克維護其領土完整。二〇一七年九月十八日，土耳其武裝部隊跟伊拉克在同一個地方進行軍事演習。[15]這些鄰國不但用經濟手段牽制，也利用聯合軍演來試圖阻止庫德獨立公投。他們這些積極阻止庫德獨立的舉動，確實讓伊拉克庫德自治區內部感受到極大的壓力。

第十章
獨立公投的結果及影響

明知鄰近國家如狼似虎般觀看庫德自治區的公投，明知國際社會一面倒地反對，庫德自治區的公投就像一支射出的箭，再也沒有回頭的路。公投的結果，如庫德人所願，支持獨立的占壓倒性多數。但是這樣的勝利並沒有為庫德自治區打開獨立之路，相反地，反招致意想不到的打壓與權利的流失，讓自治區陷入內戰與孤立的困境。

庫德人在二〇一四至一七年伊斯蘭國入侵期間，擊退伊斯蘭國，奪回過去與伊拉克中央政府的爭議領土，民族自信心膨脹到歷史新高。總統馬蘇德·巴爾札尼為了個人利益與歷史定位，趁著這一波熱潮，逕自宣布辦理獨立公投，並很快地就在二〇一七年九月二十五日舉行投票。在這段期間，庫德人很快瞭解到這是項無視國際現實與錯估形勢的決定。公投後伊拉克中央政府跟庫德敢死隊馬上在爭議領土發生內戰，這些爭議領土又被伊拉克中央政府奪回去。從意氣風發備受國際推崇到全盤皆輸被孤立，只發生在短短幾年間，整個政治情勢有如戲劇般高潮迭起，伊拉克庫德人的際遇猶如坐雲霄飛車般起起伏伏，這劇烈的感受，也只有庫德人自己才能體會。不過痛定思痛，歷史雖然給庫德人嚴厲的考驗，我們也要明瞭公投後庫德人民得到了什麼教訓？又從教訓中學到了什麼？這才是這次公投帶給庫德人最寶貴的一課。

巴爾札尼父子與公投

推動庫德族獨立公投的庫德自治區總統馬蘇德．巴爾札尼，在推動公投時已七十一歲，當時他已擔任了十二年總統。庫德自治區雖然有總統改選制度，巴爾札尼也早應要交出總統之位，但這個政治強人在美國支持下，以伊斯蘭國崛起等種種藉口，遲遲不辦理改選。馬蘇德．巴爾札尼的父親穆斯塔法．巴爾札尼是前庫德民族主義領導人，也是庫德斯坦民主黨的創始人。穆斯塔法．巴爾札尼是庫德族傳奇人物，一九四五年庫德人在蘇聯的支持下，在伊朗西北部建立一個國家「馬哈巴德共和國」，並擔任共和國的國防部長，也是第一位將過去一直被當作游擊組織的敢死隊，整建成國家軍隊。但這個政權在歐美各國的反對下，僅僅一年就倒台了。在穆斯塔法去世後，馬蘇德接替其父成為庫德斯坦民主黨的領導人。一九九一年波斯灣戰爭爆發後，馬蘇德領導庫德人起義，迫使海珊政府從庫德地區撤軍，讓庫德人真正獲得自治權。巴爾札尼父子一輩子為庫德族獨立奮鬥，在他們的領導下，讓庫德人脫離海珊魔掌，阻擋伊斯蘭的入侵，因此縱然馬蘇德・巴爾札尼家族政治多為人所詬病，但在所有庫德人心中，他們在保護庫德人、為庫德族獨立所做的貢獻仍是不容抹滅。但是這樣的歷史定位仍然無法滿足馬蘇德・巴爾札尼；他在評估不足與在國際社會的錯愕中，竟在二〇一七年六月宣布將在九月二十五日舉辦獨立公投。

雖然庫德人付出許多代價對抗伊斯蘭國，成功嚇阻其坐大，但這樣的犧牲仍敵不過國際的現實。獨立公投一宣布，各國反對聲浪排山倒海而來，但是已經騎虎難下的馬蘇德・巴爾札尼還是全力推動。當時的國際輿論都視他的這個舉動為政治生涯上的最大豪賭。庫德獨立公投最後如期舉行，而過去與中央政府有爭議的領土也同時舉辦公投，當天共有三百三十萬人投票，很多庫德人都很興奮，群眾徹夜未眠開始排隊準備投票。當天的投票率有百分之七十二，支持獨立的達到百分之九十二點七，不支持的只有百分之七點三。對庫德自治區而言，這是一場「勝利且成功」的公投，充分彰顯出庫德人民決定獨立自主的決心。投票結果一公布，凡是有庫德人居住的地區，包括伊朗、土耳其和敘利亞，大家都歡欣鼓舞，舉行了大大小小的慶祝活動。

但伊拉克政府完全不願意接受公投結果，它馬上宣稱公投無效，而且不排除以武力干預。伊拉克總統福阿德・馬蘇姆（Fuad Masum，二〇一四至二〇一八年在位）是庫德族人，就職時對《古蘭經》發誓過，他的身分必須支持一個完整的伊拉克，因此即使他是庫德人，他也必須反對公投。[1]總理海德爾・阿巴迪（Haider al-Abadi）表示只會在憲法的框架下與庫德政府對話，拒絕與庫德自治政府談判，並開始懲罰庫德自治區。

伊拉克奪回爭議領土

獨立公投違反伊拉克聯邦憲法，而基爾庫克、摩蘇爾、迪亞拉這些爭議的領土，因為一起加入公投行列，在公投後，讓伊拉克安全部隊有藉口進入這些爭議領土，原本兩大政黨合體的庫德敢死隊也在這裡產生意見分歧並分裂。庫愛盟軍隊決定撤離基爾庫克，表示他們所面對的是一支強大的國家軍隊，其領導人認為正面對決的死傷只是讓歷史多記載一筆慘烈的犧牲，並不會改變結果，而且國際社會及鄰國都不支持；庫民黨軍隊則決定留下抵抗伊拉克安全部隊，以確保基爾庫克繼續成為庫德自治區的一省。當然最後庫德自治區還是失去基爾庫克。

二〇一七年十月十六日，伊拉克軍隊控制了基爾庫克的政府機構和其他重要機關設施，其中包括軍事基地、大型油田和機場等，逼退庫德敢死部隊撤出所有的軍事駐紮陣地。伊拉克軍隊進入基爾庫克後又造成庫德族人的恐慌，庫德人開始逃離，擔心伊拉克安全部隊和伊拉克支持的人民部隊會對庫德人展開報復行動，[2]因此大約有將近六萬一千名庫德人逃離基爾庫克。[3]但是也有數以千計的逃離者選擇在伊拉克軍隊恢復控制後的幾天內返回基爾庫克省。

表10.1　二〇一七年獨立公投事件表

時間	事件	結果
2017年6月7日	伊拉克庫德自治區總統馬蘇德．巴爾札尼宣布舉辦獨立公投	伊拉克中央政府及國際多數國家反對。
2017年9月15日	伊拉克庫德斯坦議會批准公投案	伊拉克跟鄰國警告，若堅持舉辦將會受懲罰。
2017年9月25日	舉辦獨立公投	贊成獨立92.7%。不贊成獨立7.3%。
2017年9月29日	伊拉克中央政府開始懲罰庫德自治區	伊拉克當局取消庫德自治區內的國際航班並控制關口。
2017年10月15-27日	伊拉克跟庫德自治區衝突	伊拉克搶回爭議領土的控制權。

伊拉克政府與國際的抵制

伊拉克政府聯合鄰國軍隊出兵取回幾座由庫德敢死隊控制的城市，而美國也支持伊拉克政府在憲法範圍內將原本的土地及權力收回。伊拉克政府除了禁止國際航線直接飛往庫德自治區，並聯合鄰國（土耳其、伊朗）關閉陸路邊境，聲明若要重新開放這些邊境及航空站，條件是必須由伊拉克政府來管理（過去機場及邊境都由庫德政府自行管理）。庫德自治區議會議長尤塞夫．薩迪克（Yousif M.

Sadiq）在公投舉辦之前，常扮演著伊拉克政府與自治政府間的溝通橋樑，但公投結束後，伊拉克政府對他的態度有了極大的轉變，再也不是過去的平等心態，而是以上對下的態度。在台灣《上報》記者訪問他時，他不禁感嘆「**原本的平等、和諧關係一夕間煙消雲散**」。尤塞夫議長是自治區新興政黨變革運動黨的黨員，該政黨對於獨立的態度一直是較務實，主張採取漸進的方式，並未積極支持獨立公投以討好選民，因此當時不被許多選民諒解。

原本希望公投讓庫德人在政治與經濟上獨立，擺脫伊拉克政府的控制，但卻適得其反，庫德人在公投之後反而失去更多。在經濟上，庫德自治政府失去這些產油的城市後，自治區經濟根本無法繼續獨立運作。再加上周遭國家無情打壓，就連庫德人視為好朋友的美國，面對庫德遭受打壓，也毫不同情，最後庫德人走上街頭到美國領事館前抗議。歐美翻臉不認人的態度讓庫德人心灰意冷。之前外界需要庫德人打伊斯蘭國時，庫德人完全配合；當伊斯蘭國在敘利亞的大本營拉卡（Raqqa）拍攝許多令人不寒而慄的影片，例如焚燒軍隊、斬首戰俘等等，即便拉卡並不是庫德族居住的城市，但因為這幾年俄羅斯、美國、北約、敘利亞政府都沒辦法控制這個城市，庫德族答應美國以地面部隊進入拉卡，美、英、法、德四國則在空中支援，最終敢死隊花了四個月才拿下這個城市。在與伊斯蘭國戰爭的時候，很多國家支持並輸入武器給庫德族，並對庫德軍隊說：「你們代表全世界在對抗伊斯蘭國。」但實際上伊斯蘭國並沒有進入庫德自治區，庫德族敢死隊卻因為這場戰爭犧牲一千八百多人性命，一千多人受傷。最後證明，全世界除了以色列之外，沒有一個國家支持庫德的公投。歐美國家只是利用庫德族打伊斯蘭國，成功之後就忘記庫德族的付出。

這次的公投讓許多庫德人內心產生了矛盾。獨立公投是大家心中的夢想，投票結果有百分之九十二贊成獨立，是庫德族的大勝利，這項公投也符合國際法的規定。但公投的後果卻讓自治區多年努力建立的自主地位與穩定社會一夕瓦解。因為美國與國際社會的不認同，甚至默許伊拉克收回爭議領土。在這些產油地區被收回後，自治區的經濟馬上陷入困頓，經濟上也做不到獨立，而伊斯蘭國的威脅並沒有完全排除，顯然自治區並沒有做好獨立的準備。最後馬蘇德．巴爾札尼沒有宣布獨立就黯然下台，這樣的結果竟造成庫德自治政府無法挽回的傷害。

這當中，對自治區影響最大的莫過於伊拉克中央政府要求庫德自治政府要將所有石油收入以及艾比爾國際機場（EBL）和蘇萊曼尼亞國際機場（ISU）交給中央政府管理。這意味著未來自治區所有人員進出及物品流動甚至是武器運輸將在伊拉克政府眼皮下進行，這嚴重干預了自治政府的自主空間，代表伊拉克中央政府將無時無刻監督庫德自治區的邊境。二〇一七年九月二十八日，土耳其能源部長唐梅茲（Fatih Dönmez）威脅要對來自庫德自治區的石油進口實施制裁，但最後土耳其實際對庫德自治政府的懲罰措施只有禁飛國際航線。[4]這個決定的背後原因，可能是因為關閉對伊拉克的哈卜爾（Habur）邊境海關（這是庫德自治區石油出口到土耳其的主要途徑）會對土耳其的經濟造成很大的損害。至於伊朗則威脅要停止與庫德自治政府的所有軍事安全合作與關閉邊境。

最後，伊拉克政府向庫德自治政府發出最後通牒，要求在九月二十九日晚上六點前取消獨立公投的結果。在得不到庫德政府回應的狀況下，伊拉克政府在同日宣布禁止國際航班飛往庫德自治區的機場，其他國家也配合取消往返蘇萊曼尼亞和艾比爾的國際機場，例如土耳其航空、埃及航空、黎巴嫩航空、中東航空和皇家約旦航空也宣布暫停他們飛往庫德區的航線。但國內航班則維持正常[5]。

公投後的反思

無可諱言，對庫德自治區而言，美國一直是舉足輕重的角色，只要它一抬腳，往哪一邊施力、傾斜，庫德人的命運幾乎是隨之逆轉。過去數十年來，美國打垮了海珊、協助庫德人成立自治區，並且改變伊拉克中央政府結構，還有調和伊拉克中央政府與庫德自治區關係等等，庫德人的命運幾乎與美國的態度綁在一起。但這次公投，美國在事前與事後都沒有表態支持，也沒有介入處理伊拉克跟庫德之間在公投後的衝突。美國強調這是伊拉克內部事務，伊拉克可以按照憲法處理。美國的態度讓庫德自治區跟伊拉克的未來更混亂，因為就如前面章節所提，庫德自治政府與伊拉克所得到權力及和平大致都來自美國的介入協調與支持。

公投是庫德政府的一項倡議，也得到了庫德議會的支持，但在一開始，國際社會的不支持對自治區政府來說就是一個警訊。事實上，庫德總統馬蘇德．巴爾札尼早就打算在二〇一四年舉行公民投票，但這計畫因為伊斯蘭國入侵而中斷。對馬蘇德．巴爾札尼而言，這場公投已經是被延遲了，因此當他看到伊斯蘭國的戰爭即將結束時，決定在二〇一七年捲土重來，他的雄心壯志支撐著他的意志，讓他一意孤行舉行了公民投票。在這段期間，美國與其他主要大國認為公投是沒有意義的活動，並試著找出伊拉克和庫德政府之間的共同點，作為獨立公投的替代方案。美國在公投後期運用外交手段介入；它公開聲明這是庫德自治政府決定的事，美國政府沒有支持或同意，因此公投的後果都要庫德人自己負責。美國的聲明不啻是在警告庫德政府，沒有得到美國同意的事，後果自負，美國不會介入；這也是直接告訴庫德政府，一定要美國的同意才可以獨立公投，這就是美國的態度。美國跟庫德自治政府在公投議題上意見分歧，讓許多庫德人再也不相信美國是真正的盟友。

而在公投後基爾庫克的控制權立刻被伊拉克軍隊占領，對庫德自治政府來說等於是失去經濟命脈。石油收入大幅減少，加上中央政府凍結應給予自治政府的分配款，自治區的經濟馬上陷入谷底。之外，庫德敢死隊在基爾庫克產生的意見分歧也造成些許死傷。庫德人於是明瞭到，國家要獨立不只是自己的事，除了對外牽涉到周遭國家與國際社會的牽制，對內還必須處理與伊拉克中央政府的關係。這次的公投顯示庫德人真的還沒有準備好；若在這時宣布獨立，庫德自治區就會是一個「貧窮、腐敗又不安全的國家」，實在不是庫德人民所期待盼望的結果。

公投的正面意義

雖然公投造成的效應令人失望，但對許多庫德人而言，這次的公投仍然深具正面意義。伊拉克庫德族民主黨青年議員卡南（Kanaan Kheylani）對這次的公投深感驕傲，他表示追求自主向來就是伊拉克庫德族人的祖訓，而這次高達百分之九十二的支持率讓人感到自豪，永遠不會後悔。卡南更進一步指出，他出生於一九七六年，「從小舉家離開巴士拉向北逃亡，我非常清楚沒有國家的感覺，取得大學學歷後，努力成為代議士，進入伊拉克庫德斯坦民意的最高殿堂——自治議會，努力推動獨立工作，更加了解到，伊拉克庫德斯坦自治區各政黨對於獨立的立場一樣，只是手段不同。」[6]而「庫德族伊斯蘭陣線」（Kurdistan Islamic Union，簡稱ＫＩＵ）的國會議員阿布（Abu Bakir Haldny）對於獨立公投也是全力支持。雖然他對於公投後局勢的發展很失望，也認為公投的前提應該是要先取得「內部共識」，但他還是認為：「獨立公投是體現民族自決的合法手段，何錯之有？」他也肯定庫德自治區同時面對來自伊拉克、伊朗、敘利亞以及土耳其四方壓力，能夠完成這項公投已屬不易。

黎巴嫩法國大學（Lebanese French University）副校長奧馬・努拉丹尼（Omar Nuradeni）教授則從教育的角度來看這次公投的意義。他在二〇一八年八月接受《上報》記者訪問時表示，在伊拉克庫德自治政府成立後，學術界的共識就是推動庫德族人「認識自己」，包括祖先從哪裡來？為何在這裡定居？是否了解定居至今的生存過程？為什麼要推動自治？推動自治的代價為何等等嚴肅的議題。[7]他對這次公投給予高度肯定，因為教育過程是潛移默化的，但若始終虛無縹緲、任憑想像，終究會成為空談。他說：「獨立公投就是自治教育最好的親身實踐。」他認為能夠親身參與這場公投，以及體會公投結果所帶來的任何影響，對於庫德族下一代來說，已能夠逐漸擺脫老一輩人對於過去遭受迫害的血腥記憶所形成之意欲獨立的悲苦情緒，也能夠以更客觀、更理性的態度面對自治與獨立課題。

第十一章 庫德人的現在與未來

二〇一七年公投之後的挫敗，顯示此時獨立建國並不是庫德人目前最好的選項與時機，而獨立公投會未經過充分討論就貿然舉辦，也顯示了自治區內部政治問題。我在台灣住了近十年，看到台灣政府推動每項公共議題的戰戰兢兢，也看到因為台灣公平透明的選舉，可以讓人民一次又一次地用選票來告訴政黨他們喜不喜歡政府路線與施政，使得政黨要不斷地改革才能爭取到人民的支持，而政黨的良性競爭帶來的結果就是更有效率的政府與穩定的社會。面對中國這個龐大威脅，台灣人民也都能體認到，唯有深化民主、厚植實力，以及不輕易將自己置於統獨的危險中才是眼下最好的選擇。對比台灣，庫德自治區內部實在問題重重；軍隊不但政黨化、政治貪腐、選舉不公平不透明……種種內部問題如果沒有解決，就算獨立了，政治也不會穩定，人民也不會有和平的生活。此外，庫德自治區另外一個重要的議題就是與伊拉克中央政府的緊張關係。雙方是否互信、伊拉克政府能否重視庫德人的問題，涉及到自治區獨立的進程。這些問題也是我長期關心的議題。我在撰寫碩士論文時就曾回到自治區，與四十多位社會菁英與知識分子，針對下列議題進行訪談：一、庫德自治政府伊拉克政府的關係；二、庫德政府內部問題；三、與鄰近國家的關係。藉由訪談，我希望從中獲得對庫德族的問題與未來一個大致的圖像。

庫德自治區政府內部問題

一、兩黨擁兵自重

庫德自治政府總統納奇萬・巴爾札尼曾說，我們一直致力於軍隊國家化，希望兩支軍隊共同服從國家保護人民。但這些努力只到二〇一四年就暫時被擱置，因為伊斯蘭國在此時崛起，兩黨敢死隊必須共同對抗。全世界應該沒有一個國家像庫德自治區一樣，一個政府中的兩個政黨都擁有自己的軍隊。軍隊國家化是民主國家的基本要求，庫德自治區不但沒有，甚至是兩個政黨都各自擁兵自重。當然，這兩個政黨各自擁有軍隊一事有其歷史背景，但是軍隊國家化是民主國家的重要一步，沒有這一步，說再多的民主都是侈談。

我在前面的章節談過，庫德自治區政府甫成立之初，這兩支軍隊因為利益分配不均內戰過，後來經過美國介入才暫時放下對立，在政治上展開合作並分享政府資源，因為兩黨對外有著共同目標，過去是對海珊政府，後來是對抗伊斯蘭國。當有共同敵人時，兩大黨當然沒有分裂問題，一旦沒有外部敵人，只剩兩黨競爭，兩支軍隊的問題則會浮現。從長遠來看，這是自治區最大的隱憂：未來庫德自治區若有機會獨立，兩支軍隊是否可以一致對外？二〇一七年公投後，伊拉克中央政府出兵奪回基爾庫克，兩黨軍隊就產生了很大的分歧；庫愛盟的軍隊認為敵不過國家軍隊，不應白白犧牲，而決定撤兵；但庫民黨則是主張應留下來抵抗。由此可以看出庫德敢死隊似乎隨時都可以分裂。這樣在獨立建國後，誰能保證兩黨不會因為利益衝突而再次引發內戰？尤其是建國後，兩黨已經沒有共同敵人，擁有軍隊的兩黨就是彼此的敵人。依照民主國家政黨政治運作的經驗，一到選舉，政黨競爭激烈，但因為軍隊中立，所以頂多是嘖嘖政治口水。如果政黨各自擁有軍隊，這些口水難保不會變成真槍實彈！因此庫德政府首要解決的問題，就是讓軍隊收歸國有，這樣才會有一個正常運作國家。在我的論文訪問中，包括庫愛盟與庫民黨的重要幹部，對整合兩黨軍隊也表達了同樣的意見，認為庫德自治區成立獨立國家之時，首要的目標就是整合兩黨軍隊，使之國家化。

二、政府貪腐嚴重

政府貪汙腐敗往往是國家失敗的開始。更何況庫德自治區的政治經濟長久處於不穩定狀態，國家根本沒條件貪汙腐敗。根據清廉印象指數（Corruption Perceptions Index，簡稱CPI）二〇一七年的報告，伊拉克在一百八十個國家中排名第一百六十九位。伊拉克中央政府的貪腐已是國際認證；庫德自治區政府雖然沒有列入評比，但是在我進行訪談的過程中，所有的受訪者中僅僅一兩位認為政府是清廉的，其他則一面倒地認為自治區政府貪瀆非常嚴重。根據變革運動黨立委沙勒（Alihama Salheh）的爆料，每月在邊境走私近一點五億美元，而這只是冰山的一角而已。更嚴重的是司法機關對於辦理貪瀆案件的無能，也為人民所詬病。「只敢打蒼蠅，不敢打老虎」是人民與媒體對自治區司法的普遍印象。這樣嚴重不受人民信任的政府，是否有能力帶領人民走向獨立建國？建國後政府若是持續腐敗，這樣的政府又有何可期待？與現在的伊拉克政府又有什麼不同？若無法將現在腐敗的政風進行有效的改革，人民根本不會希望在這樣的政府領導之下獨立。在我的訪談中，這些社會菁英多對現在政府的貪瀆表達了極大的不滿，也認為是當前政府最嚴重的問題。

三、選舉不透明不公平

雖然庫德自治區現在有定期的中央與地方各項大大小小選舉，但是選舉的黑箱作業一直為人民所詬病。在庫德自治政府所舉辦的投票中，曾出現製作假身分證給難民去投票、投票所忽然斷電、作票、散播假新聞阻止人民投票、違反秘密投票原則、政策買票（例如承諾小型工程、薪水提早發放）等選舉怪象。台灣的朋友對我形容現在庫德自治區選舉的各種怪象都感同身受，直呼這如同如一九八〇年代以前的台灣一樣，投票所會停電、出現幽靈投票人口等等。但台灣經過數十年的民主改革，這些現象已經微乎其微，選舉的結果也普遍為人民所信服。也因為選舉的透明公平，人民才能透過選票決定政治人物的去留，政治人物才會信守對人民的承諾，國家才能真正走向民主。但庫德目前的選舉仍是弊端重重，每次選舉政局都會不穩定一段時間。在我的訪談中，在提到國家民主發展方面，有將近二十名受訪者認為庫德自治區裡沒有民主，主要是因為選舉不透明的結果。

四、經濟只靠石油，無法自立

在庫德總統馬蘇德·巴爾札尼的如意算盤中，原本期待在公投後可以有更多籌碼跟伊拉克中央政府談判，但沒想到失去的更多，其中經濟上的損失最為嚴重。根據伊拉克憲法，販賣石油必須獲得中央政府批准，在與中央政府的石油生產分享協議中，庫德自治政府有必須承擔的義務，故從伊拉克中央政府的角度來看，庫德自治政府自己賣石油確實違法。因此在二〇一四年庫德自治區收回基爾庫克開始販賣石油時，伊拉克中央政府也隨之凍結了庫德自治區的分配款，衝擊了自治區的經濟，再加上當年的國際石油價格大幅下跌，油價從二〇一四年六月約九十六美元開始下跌，到二〇一五年一月每桶已低於五十美元，下跌了大約百分之五十。除此之外，庫德自治區除了與伊斯蘭國的對抗外，還必須面對從敘利亞及伊拉克進入庫德自治區的難民和流離失所者的各種艱鉅問題，使得庫德自治區到了二〇一七年十月一直陷入財政危機中，面臨付不出公務人員薪水以及支應各項公共服務建設的困境。

庫德自治區政府一直被石油產業控制；所有的經濟貿易都跟石油有關，外國來此投資也是因為石油。除了石油，自治區幾乎沒有自己的產業，就算是內需市場，也幾乎完全依賴鄰國進口貿易。根據二〇一七年的統計，進口產品占國內市場總需求的百分之九十；這樣大量依靠進口的結果，不僅是外匯和資本的嚴重流失，而且也反映了這些進口只是刺激外國生產而不是國內生產。再從各國進口的比例看來，鄰國的土耳其跟伊朗占了百分之五十六；這樣的貿易數字對自治區來說是一個警訊，進口過度依賴鄰國，尤其是土耳其跟伊朗，這兩國境內也擁有龐大的庫德族。對於想要獨立的伊拉克庫德自治區而言，對鄰國的過度依賴除了使其在經濟與政治容易被牽制外，獨立建國也是困難重重。庫德自治政府若要降低鄰國的牽制，必須要想辦法調整這些經濟貿易比例。

由此可知，自治區政府應該利用石油外銷所賺到的錢，積極發展國內製造業，將內需市場留下，例如發展製造業、文化產業、歷史觀光產業和食品加工業等等，增加工作機會，防止人民過於依賴政府，否則只要政府發不出薪水，國家經濟就會癱瘓。過去庫德政府針對吸引外資投資做了一些努力，但後繼無力，加上公投後基爾庫克爭議領土內發生內戰，導致即將投資的外資轉為保持觀望，也嚇走了部分已投資的外資。若要發展石油以外的經濟項目，一切要從頭開始，這當然也包含政府執行力的問題。庫德政府要積極開發其他經濟項目並開放投資，增加境內的工作機會，甚至超越國家公務人員的數字，人民主要收入才不至於都仰賴中央政府，也可反制伊拉克政府常常拿分配款的問題來威脅庫德政府，緩解中央政府對庫德自治區的控制。伊拉克中央政府對這個問題了然於心，也知道庫德政府若沒有基爾庫克，在經濟上根本不可能獨立，而經濟不獨立國家就無法獨立。所以庫德政府必須擺脫這樣的枷鎖，獨立才有意義。

庫德自治區的外部干預

外國干預在庫德的歷史發展中產生了重要影響，對自治區而言，美國還是扮演著最重要的角色。不論其後來對庫德族態度的反反覆覆，若沒有美國在一九九一年將伊拉克在北緯三十六度以北的區域劃為禁航區，形成一個安全區域，為庫德人提供保護，就沒有後來的庫德自治區以及日後的任何發展可言。此外，雖然世界各國的表態對庫德獨立與否非常重要，但影響力最大主要還是來自伊朗、土耳其和伊拉克的干預。如果伊拉克北部的庫德自治區宣布獨立，在庫德人的民族主義催促下，會鼓勵伊朗、土耳其等國庫德族要求分裂，甚至是尋求自治以及更多的權利，進而破壞這三個國家的穩定。

一、伊朗

在兩伊戰爭及一九九一年庫德獨立時期，伊朗收容了大量的庫德族難民，但也因為伊朗的關係，庫德人被海珊當作藉口進行了哈拉布賈種族屠殺，因此伊拉克庫德族對伊朗有著特殊的情感。雖然伊朗的庫德族也有八百萬人，但是伊朗擔心庫德政府與美國關係良好，讓庫德自治區獨立建國等於讓美國在伊朗的旁邊安插一個盟國，伊朗當然會很不舒服並警戒。在這次的訪談中，許多受訪者都同意，伊朗對庫德自治區政府不論在政治上還是經濟上都有非常大的影響力，尤其伊朗在海珊執政時期大力協助庫德人對抗海珊，成立自治區之後也介入自治區兩大黨關係，並支持接近伊朗邊境的庫愛盟，特別是在自治區兩黨內戰時更為明顯。在經濟方面，庫德自治區的進口多數依賴伊朗，一旦伊朗關閉邊境，禁止商品出口到庫德自治區，自治區人民生活馬上就受到影響，這也是伊朗在庫德獨立公投的時候威脅不可執行公投的條件之一。此外在伊朗的庫德族也是不安定分子，隨時都想跟隨伊拉克庫德人的腳步、爭取權利，因此兩國互相影響的程度是非常深的。

二、土耳其

在土耳其跟庫德自治區的邊境是土耳其庫德斯坦工人黨活動範圍，土耳其軍隊常常會越過邊境打擊庫德斯坦工人黨，因此土耳其在庫德自治區邊境常發生衝突，所以打壓伊拉克庫德自治區的獨立運動，等於是間接打壓土耳其的庫德族人。所以在我的訪問中，多數的庫德人對於土耳其的影響都在國家安全方面表達擔心。而在經濟上，土耳其是庫德自治政府最大的石油輸出國，掌握庫德經濟命脈，而庫德自治區則隨時可以關閉基爾庫克到土耳其的輸出油管，也掌握土耳其的能源來源，所以兩國彼此間的影響是既複雜又深層。

三、敘利亞

就三個有庫德族的國家而言，敘利亞的問題似乎是比較小的，在我的訪問中，也印證了此看法。因為敘利亞有內戰，無暇再介入伊拉克國內事務，只在伊斯蘭國入侵時，庫德軍隊越過邊境去幫助過在敘利亞的庫德人，而在政治及經濟的影響比起土耳其與伊朗兩國是非常少的。

庫德自治政府與伊拉克中央政府的關係

庫德族在伊拉克政府的統治下，幾乎沒有一個和平安定的時期。早期因為戰亂頻繁的關係，庫德人在同一塊土地上被趕來趕去，原本是庫德傳統領域的基爾庫克，又被阿拉伯化，再加上又經過安法爾跟哈拉布賈的種族滅絕式屠殺。後來終於將海珊趕下台了，在二〇一四年的伊斯蘭國大舉侵略時，伊拉克中央政府竟斷絕金源，無視庫德自治區人民有百分之七十是依賴在政府公家機關工作及領國家補助生活的人，而自治區政府有百分之七十的政府預算必須用於這些公務員的薪水及補助款。自治區經濟因此大受影響，導致庫德自治政府必須自籌財源，又必須面對伊斯蘭國的入侵，以及收留因伊斯蘭國之亂造成的大量難民。在庫德政府最困難的時候，伊拉克政府幾乎置身事外，似乎並未將庫德人視為國家的一體。對庫德人而言，伊拉克中央政府除了會增加庫德自治政府的負擔外，也是災難的來源，完全沒有讓庫德人感覺自己有一個中央政府在管理及保護，反而是一種負擔跟拖累，還常惹出一堆麻煩。

伊拉克中央政府對外堅稱，庫德人被視為伊拉克公民一樣受到平等對待，沒有任何歧視行為。但這跟庫德自治區人民感受完全不同。這種相互猜疑早已根深蒂固，且伊拉克政府完全沒有解決的誠意。庫德自治政府追求獨立是長期的目標，無論是作為獨立的國家還是參與伊拉克的聯邦，都是可預見的未來。但伊拉克政府認為庫德自治政府在威脅要分裂伊拉克領土的完整性後，已經不能被信任成為國家夥伴。庫德政府舉辦獨立公投的其中一個目的，就是藉由這個機會讓庫德問題在國際上被討論，讓兩個政府的問題國際化。

如果利用公投這個議題，讓其他國家介入而成功解決兩個政府之間的問題，這對庫德人來說是有利的。但伊拉克中央政府卻巧妙地利用鄰國和國際反對派的力量，不但成功阻止庫德自治區建立一個庫德國家，也重新定義中央政府與庫德自治政府的關係，讓更多的權力集中在伊拉克中央政府。此外，庫德的獨立公投也迫使伊拉克與土耳其開啟和解的新階段。

伊拉克中央政府如果能真的公平對待庫德人，將該有的權力及分配財源完整透明且穩定地給予庫德自治政府，在談判桌上談的協議及條件能夠有誠意地執行，讓庫德政府能夠慢慢信任伊拉克政府，而庫德人民能夠享受到自治區的和平及經濟的穩定，伊拉克政府願意同等對待庫德人，相信庫德自治政府及人民也不會躁進想要獨立而舉辦公投去表態分裂伊拉克國土的意圖。

不信任關係想要解開，最重要的還是徹底執行憲法第一四〇條來解決爭議領土問題。兩政府最大的問題是憲法第一四〇條至今被擱置，在條文裡有明文規定及時序，伊拉克中央政府長期拖延這個條約內容已經超過十年，時間再繼續拖下去，將變成一條越來越無法執行的條文。伊拉克中央政府若將它徹底執行，願意將決定權交給人民，能改善這些爭議領土的區域穩定，也是解開跟庫德政府之間互不信任的第一道鎖。

走向獨立之路

伊拉克庫德族經過重要三個階段：一九九一年成立庫德自治政府，二〇〇三年美伊戰爭之後，二〇一四年伊斯蘭國入侵。歷經這些時期的挑戰，庫德自治政府內部逐漸浮現了國家發展幾個重要問題。第一、經濟獨立問題：自治區政府過度依賴石油，忽視內需市場造成過度倚賴鄰國的進口貿易，讓鄰國可以輕易干預庫德自治區的經濟跟政治。第二、兩大政黨長期執政造成政府官員貪汙腐敗，甚至司法不公、選舉不透明不公平，造成人民無法信任政府，也就無法成為政府的後盾。第三、是筆者認為最嚴重的問題，就是庫德自治區的兩支軍隊只服從和服務政黨，隨時都可能讓庫德自治區陷入內戰，不安全的庫德自治區是阻礙庫德獨立的最大絆腳石。由此可知，庫德自治區內部問題比外部干預還要嚴重。這些重大問題在沒有解決前，就將人民置於獨立公投的風險之下，最後公投雖然完成了，但殘酷的後果卻要全民承擔。要成立一個國家，並非只有領土、政府、人民、主權四件要素即可，在軍隊尚未整合下就算真的獨立，庫德自治區內會因為政治利益衝突很快就陷入內戰。而經濟只依賴石油城市基爾庫克，當然也就容易被伊拉克中央政府控制。只要伊拉克中央政府不解決基爾庫克問題，庫德自治區將永遠無法脫離伊拉克，更何況庫德自治政府貪汙嚴重到已失去人民的信賴。從外界的眼光來看，國際各國不支持獨立公投似乎是影響庫德獨立建國的主要因素。但筆者認為，自治區的內部問題才是影響獨立建國的關鍵，因為內部問題解決了，才能進行下一步獨立建國的工作並尋求外部的支持。在我對國內菁英與知識分子的訪談中，問及自治區政府內部問題及外部問題孰輕孰重時，結果有三十名左右的受訪者認為內部問題嚴重，表示多數人認為政府還沒準備好獨立建國。

我在台灣生活將近十一年，看著台灣在多次政黨輪替中政權都可以和平轉移、人民享有言論自由、新聞媒體自由、選舉公平且透明，且國家經濟穩定、政策規劃清晰，即使遇到問題，可以透過努力轉型來因應、人民友善、生活穩定安全、軍隊國家化、國家自由和平且民主，只是在國際上無法真正獨立，但實質上早已是一個獨立運作的國家。就算面對中國各方面的打壓，而且強度是越來越粗暴兇狠，台灣人也是無所懼怕地面對。台灣的政治狀況讓我相當羨慕，反觀庫德人民在追求獨立建國的幾百年來，從沒有真正享受過自由民主及和平，更不用說經濟穩定。這些條件對庫德人來說都是非常不容易得到，卻已付出慘痛代價。我在台灣感受相當深刻，希望有朝一日自己的國家也可以獨立建國，成為第一個庫德國家。但是庫德自治政府根本還沒有準備好獨立建國，二〇一七年的庫德獨立公投只是場騙局，庫德人民只是政治操弄下的犧牲品，對於獨立建國庫德自治區還有好長一段路要走。

後記

我的兒子睿睿在二〇一七年出生。在他出生後，很多朋友都會打趣說：「哇！睿睿擔負著兩個國家獨立的沉重任務！」雖然這是句玩笑話，但聽起來既苦也澀，尤其在我拿著他的台灣出生證明要回庫德自治區申請出生證明時，這感受更深刻。台灣沒有伊拉克辦事處，因此我們循著過去辦理結婚證書與學歷驗證的經驗，拿著睿睿的出生證明跑到伊拉克駐約旦大使館申請。但這次卻行不通了；大使館竟然要求我們必須到中國去伊拉克駐中國大使館申請驗證，驗證完再寄回伊拉克。這個過程實在是既諷刺，又屈辱，但是處在這種國際現實，也只能將這份恥辱吞下。

身為庫德人，我一直很佩服台灣政府不因中國無時無刻的打壓做出任何退讓，反而是更積極參與國際事務；台灣的政治發展更是朝向更公開、公平的道路前進。我在台灣十多年來，看到台灣社會因為民主深化且安居樂業，台灣人對台灣價值更趨認同，縱然短時間內在國際社會無法取得獨立名義，但實質上已經是一個與中國截然不同的國家。而我有幸在二〇一九年年底取得台灣國籍，終於成為這個值得讓人驕傲的國家的一員。

自二〇〇九年到台灣至今已經十一年，在這段人生中不算短也不算長的時間裡，我在這塊土地上完成許多人生中重大之事。我在這結婚、生子、拿到碩士學位以及成為台灣的公民，還有出了這本書，而且還是以中文形式出版，這些事都是過去我在庫德自治區時想都想不到的事。人生真的有很多意外，就像妻子家華說的：「想太多與計較太多只是阻礙自己前進而已。」

很多台灣朋友都喜歡問我住在台灣這麼多年，生活習慣嗎？一個人離鄉背井會不會寂寞？事實上，來台灣後，家華的家人與親戚很快就接受了我；他們愛屋及烏宛如家人般對待我，讓我很快地適應這邊的生活，所以在情感上倒不會覺得孤寂，但因為少了在庫德斯坦那些可以天南地北聊天的好兄弟，剛開始會覺得無聊了些。不過後來考上中興大學國政所、兒子睿睿出生，也開始有了一些演講的邀約與上節目，生活忙碌了不少，這時我才感覺真的跟台灣這塊土地有更緊密的連結。

如果說在台灣生活有什麼讓我困擾的事，除了前面提到的蚊子，另外就是食物吧。提到蚊子，台灣人大概會覺得有什麼特別可以拿出來說的，但是我們庫德斯坦是沒有蚊子的。一般討厭的蟲子像蟑螂、螞蟻，把牠們驅走也就罷了，但蚊子卻會陰魂不散、擾人清夢，這是我一直無法忍受的。另外一個比較難以適應的就是飲食。比起庫德斯坦，台灣人的食物實在太多元了；台北的異國餐廳比比皆是，不但如此，就連家庭日常的食物也是五花八門。食物選擇這麼多，應該對穆斯林很方便，但實則不然。豬肉是台灣人主要肉類來源，許多食物雖然表面看不出，實際上都有豬肉成分。像是炒青菜，廚師為了增添香氣就用豬油炒，玉米濃湯裡還加入火腿丁，或是生菜沙拉撒上碎培根，這種豬肉的突擊真是防不勝防。而另一種我一直不能適應的是台灣的麵包。台灣麵包五花八門，也產生了不少世界麵包冠軍，實在是台灣的驕傲，但我還是只喜歡家鄉的烤餅（Naan）。烤餅應該是全世界最多人吃的餅，在台灣叫印度烤餅，這種烤餅在中國的新疆、東南亞、中東、北非、印度等國家非常普遍，現在歐洲跟美國也慢慢流行吃這種餅。我們庫德族早餐、中餐及晚餐都會拿它配著肉、蔬菜或咖哩等食用。我們烤餅的原料只有麵粉與水，不像台灣的烤餅還有奶油、大蒜種種口味。我記得小時候每次用餐時，媽媽就叫我去巷口的餅鋪買現做的烤餅，每餐吃多少就買多少，所以永遠都是最新鮮的，那種純粹的麵粉甜味比台灣任何麵包都還美味。順帶一提，因為烤餅是我們的國民主食，所以它的價格一直被控制在一定範圍內。就算是在海珊政府時代也是如此。現在在伊拉克，一片僅僅三元台幣，大街小巷都可看到賣烤餅的店鋪。東西雖簡單，卻最叫我魂牽夢縈。

台灣的很多東西我都喜歡，能夠抱怨的真的寥寥無幾。我很感謝台灣孕育了我的妻子家華，讓我有機會與她相識、結婚、生子、組成家庭，也在台灣結識許多的好朋友。這本書是從我的碩士論文改寫而成，出版它的初衷是希望讓台灣人更瞭解我的家鄉，而我也希望庫德與台灣在不久的未來，都能成為國際認同的獨立國家。

家華的話

十年多前與善德那場驚動各界的戀情，在很多的祝福、當然也在一些人的質疑中，我與善德就像任何一對普通的情侶一樣，自然而然地走入婚姻。日子過得很快，一眨眼十年過去了，我與善德生了個可愛的台庫混血寶寶，而我們的婚姻生活，也淹沒在柴米油鹽醬醋茶平庸的日子裡。善德很努力地融入台灣社會，他努力學中文，考進大學研究所，到處演講、上節目向台灣人介紹他的家鄉。說實話，我很感謝他為了讓我能留在台灣與我的家人一起，放棄了家鄉的一切。如果瞭解庫德人是多麼重視家庭的話，就會知道他的犧牲有多大。也因為如此，我也很堅持善德每年回家鄉探親，讓他每年都有一段時間可以與他的家人團聚。

我的朋友都很好奇我與善德的婚姻有沒有遇到什麼文化衝擊，畢竟庫德族對台灣人而言太陌生，文化也太不同了。但在我們真正見到彼此之前，我們就已經在網路上對話了兩年多。透過這些對話，讓我對庫德、伊斯蘭文化有了進一步的瞭解，因此要說是文化衝擊，倒不如說善德開拓了我的視野，讓我學到以更寬廣的心胸、更有同理心地去理解他們的世界。所以每當遇到台灣的友人問我這個問題，我常常絞盡腦汁，最後就只能說出善德真的、真的很痛恨台灣的蚊子，這樣一個很不典型的回答。而我的朋友們也都露出一副「啥?這算什麼答案啊！」後來我為了滿足我的朋友，終於想到了我與善德最大的一次爭執，就是在一次吵架中我無意間說出「我的錢、這是我的」這類的話，這句話讓善德感到很受傷。因為在庫德文化中，家人的財產是共有共享、不分彼此的，更何況是夫妻！

越瞭解庫德人有多麼重視親人與朋友，尤其在我認識了他那些熱情可愛的家人朋友之後，我就越心疼他對我的付出。雖然我們都愛台灣，但庫德也是善德與我的家。接下來換我來擁抱庫德。我們計畫在不久的未來，帶著孩子回到庫德自治區，打造我們的家園。

註釋

第三章　無國之民

[1] فايز عبدالله العساف,"الأقليات وأثرها في استقرار الدولة القومية -أكراد العراق نموذجاً," جامعة الشرق الأوسط للدراسات العليا(2010) , ص 14.

[2] أ.م.د. فلاح محمود خضر البياتي," سياسة الاحتلال البريطاني للعراق في منطقة الفرات الاوسط1917-1920م, " جامعة بابل(2012), ص422-426.

[3]عماد يوسف قدورة,"التأثير الإقليمي والدولي في القضية الكردية في العراق (دراسة حالة 1972-1975), " المركز العربي للابحاث و الدراسات(2016) , ص4-6.

[4] زينب ماهر السيد المرسي, "العلاقات التركية – العراقية : دراسةلحالة الأكراد, "المركز الديموقراطي العربي(2015) , ص21-23.

[5] قاسم علوان,"مشروع عبد الرحمن البزاز لحل القضية الكوردية, " الحوار الابحاث السياسية , (2007/11/8) , http://www.m.ahewar.org/s.asp?aid=114518&r=0

[6]Yildiz Kerim,"The Kurds in Iraq,"Kurdish human rights project, Pluto, London(2004), pp.16-20.

[7] اسلام محمد المغير," الحرب العراقية الايرانية 1980-1988, " المكتبة المركزية,(2016) ,ص21-23.

[8] أحمد المصر،"يالأكراد بين أتاتورك وأردوغان.. ما الّذي تغيّر؟،" (2015/11/18) , http://rawabetcenter.com/archives/15093

[9] د. إسماعيل حصاف،"قيام وسقوط جمهورية مهاباد الكوردية،"(2007/06/26) , http://www.gilgamish.org/2006/07/28/134.html

[10] وحدة الدراسات الإيرانية،" أكراد إيران... حقب من الاضطهاد،"(2016/08/9)،ص1-5.

第四章　海珊政權下的生活回憶

[1] Maggy Zanger, "Post 11 September jitters for Iraqi Kurds, further reflections, "(2001), p13.

[2] Sonia Roy,"The Kurdish Issue: The Impact on the Politics of Iraq and Turkey and Their..,"Foreign Policy Journal(2011/04/22), https://ekurd.net/mismas/articles/misc2011/4/state5017.htm

[3] سالار محمود,” الأنفال مرحلة متقدمة من الإبادة الجماعية (الجينوسايد) التي تعرض لها شعب كردستان،“(2014/09/2)،
http://genocidekurd.com/ar/babati/177

[4]بيل فان إزفلد,”محاكمة الأنفال والمحكمة العراقية العليا, لسلسلة من التحديثات لتقديم ملخص موجز عن تطورات محاكمة الأنفال,“(2006) , ص3.

[5] Sofia Barbarani,“Iraq Kurds press states to recognize genocide ,”Al-Jazeera(14 /04/2014), https://www.aljazeera.com/indepth/features/2014/04/iraq-kurds-press-states-recognise-genocide-anfal-201441371637191288.html

[6] أنتظار رشيد زوير,”معالجة جرائم الإبادة الجماعية العالمية العراق نموذجا,“مجلة كلية تربية جامعة واسط (2018) , ص 720-722.

第五章　起義與自治區政府的成立

[1] ابراهيم دشتي ,” المسألة الكردية ابعادها السياسية و القومية و انعكاساتها الاقليمية, “ الادراة و البحوث(1999) , ص56-57.

[2] بسمة قضماني ونائلة موسى, ”الخروج من الجحيم؟, "(2017) ص35-32

[3] مورتةزا مورادى,”رابةريني 1991و كورةوة مةزنةكة,“ (2016/12/11)،http://jamekurdi.com/report-and-discussion/%DA%95%D8%A7%D9%BE%DB%95%DA%95%DB%8C%D9%86%DB%8C-1991-%D9%88-%DA%A9%D9%88%DA%95%D9%87%E2%80%8C%D9%88%D9%87%E2%80%8C-%D9%85%D9%87%E2%80%8C%D8%B2%D9%86%D9%87%E2%80%8C%DA%A9%D9%87%E2%80%8C.html

第六章　新政府成立與雙重經濟制裁

[1] Review Of Oil-for-Food Program”
http://cabinet.gov.krd/a/d.aspx?l=12&s=02010100&r=223&a=74.&s=010000

第八章　伊斯蘭國的崛起與入侵

[1] عبيدة عامر،”من الزرقاوي للبغدادي.. ما هي أبرز محطات تنظيم الدولة؟،“(2016/10/22)،
http://www.noonpost.org/content/14662

[2] عنب بلدي،”التنظيمات الجهادية في سوريا،“ملف خاص،عدد190(2015)، ص1-4.

[3] Congressional Research Service (Author), "Kurds in Iraq and Syria: U.S. Partners Against the Islamic State,"Congressional Research Service,2016, p.2.

[4]Michael Stephens," Facing ISIS: The Kurds of Syria and Iraq,"Strategics Sectors | Security & Politics,2015, p235.

[5] كرم سعدي،"العراق 2017 يطرد "داعش... الحكاية من البداية إلى النهاية،" (2017/12/27), https://www.alaraby.co.uk/politics/2017/12/27/%D8%A7%D9%84%D8%B9%D8%B1%D8%A7%D9%82-2017-%D9%8A%D8%B7%D8%B1%D8%AF-%D8%AF%D8%A7%D8%B9%D8%B4-%D8%A7%D9%84%D8%AD%D9%83%D8%A7%D9%8A%D8%A9-%D9%85%D9%86-%D8%A7%D9%84%D8%A8%D8%AF%D8%A7%D9%8A%D8%A9-%D8%A5%D9%84%D9%89-%D8%A7%D9%84%D9%86%D9%87%D8%A7%D9%8A%D8%A9

[6] Michael Knights , Ahmed Ali," Kirkuk in Transition Confidence Building in Northern Iraq, "Washington Institute for Near East Policy(2010), p.2.

[7] *Elizabeth Ferris,* Senior Fellow, "The Future of Kirkuk: The Referendum and Its Potential Impact on Displacement, "Brookings Institution–University of Bern Project on Internal Displacement(2015), pp.1-3.

[8] Michael Stephens," Facing ISIS: The Kurds of Syria and Iraq,"Strategics Sectors | Security & Politics(2015), p.233.

第九章　獨立公投與各國的反應

[1] "استفتاء كردستان العراق: بين الإصرار الكردي والمعارضة الإقليمية, "المركز العربي للأبحاث ودراسة السياسات،"(2017/09/**22**)،

https://www.alaraby.co.uk/opinion/2017/9/20/%D8%A7%D8%B3%D8%AA%D9%81%D8%AA%D8%A7%D8%A1-%D8%A5%D9%82%D9%84%D9%8A%D9%85-%D9%83%D8%B1%D8%AF%D8%B3%D8%AA%D8%A7%D9%86-%D8%A7%D9%84%D8%B9%D8%B1%D8%A7%D9%82-%D8%A8%D9%8A%D9%86-%D8%A7%D9%84%D8%A5%D8%B5%D8%B1%D8%A7%D8%B1-%D8%A7%D9%84%D9%83%D8%B1%D8%AF%D9%8A-%D9%88%D8%A7%D9%84%D9%85%D8%B9%D8%A7%D8%B1%D8%B6%D8%A9-%D8%A7%D9%84%D8%A5%D9%82%D9%84%D9%8A%D9%85%D9%8A%D8%A90

[2] Michael Knights , Ahmed Ali," Kirkuk in Transition Confidence Building in Northern Iraq," Washington Institute for Near East Policy (2010), pp.2-11.

[3] الجزيرة،"تواصل الاقتراع في استفتاء انفصال كردستان العراق،"(2017/09/25)،

http://www.aljazeera.net/news/arabic/2017/9/25/%D8%AA%D9%88%D8%A7%D8%B5%D9%84-%D8%A7%D9%84%D8%A7%D9%82%D8%AA%D8%B1%D8%A7%D8%B9-%D9%81%D9%8A-%D8%A7%D8%B3%D8%AA%D9%81%D8%AA%D8%A7%D8%A1-%D8%A7%D9%86%D9%81%D8%B5%D8%A7%D9%84-%D9%83%D8%B1%D8%AF%D8%B3%D8%AA%D8%A7%D9%86-%D8%A7%D9%84%D8%B9%D8%B1%D8%A7%D9%825

[4] عبد الامير رويح،"استفتاء كردستان: هل يمضي الأكراد نحو الانفصال رغم رفض بغداد والقوى الاقليمية،"(2017/09/24)،

https://m.annabaa.org/english/reports/12586

[5] Max Boot, "Can the United States Broker Peace Between Iraq and the Kurds?, "council on foreign relation(10/17/2017),
https://www.cfr.org/expert-brief/can-united-states-broker-peace-between-iraq-and-kurds

[6] صافيناز محمد أحمد،"هل بات استقلال كردستان واقعًا؟،" (2017/7/10)،

http://acpss.ahram.org.eg/News/16344.aspx

[7] تقرير،"الأمم المتحدة: استفتاء إقليم كردستان العراق يصرف الانتباه عن قتال تنظيم الدولة،" (2017/09/18)،

http://www.bbc.com/arabic/middleeast-41302624

[8] Albertus Jacobus Meintjes, The Complications of Kurdish Independence, Scientific Research Publishing Inc(2017), pp6-8

[9] تقرير،"المالكي يستفز الأكراد ويصف الاستفتاء بـ "إسرائيل ثانية،(2017/10/17)،

http://www.lebanonfiles.com/news/1231621

[10] التقرير االستراتيجي السنوي،"ايران في 2017"، المركز الخليج العربي للدراسات ايرانية (2017) ، ص 44.

[11] ادارة تحرير،"القلق الإيراني من استفتاء إقليم كردستان العراق،"(2017/8/28)،
https://rasanah-iiis.org/%D8%A7%D9%84%D8%B1%D8%B5%D8%AF-%D9%88%D8%A7%D9%84%D8%AA%D8%B1%D8%AC%D9%85%D8%A9/%D8%A7%D9%84%D8%AA%D9%82%D8%A7%D8%B1%D9%8A%D8%B1-%D8%A7%D9%84%D8%A5%D8%AE%D8%A8%D8%A7%D8%B1%D9%8A%D8%A9/%D8%A7%D9%84%D9%82%D9%84%D9%82-%D8%A7%D9%84%D8%A5%D9%8A%D8%B1%D8%A7%D9%86%D9%8A-%D9%85%D9%86-%D8%A7%D8%B3%D8%AA%D9%81%D8%AA%D8%A7%D8%A1-/%D8%A5%D9%82%D9%84%D9%8A%D9%85-%D9%83%D8%B1%D8%AF%D8%B3%D8%AA

[12] إسراء أحمد فؤاد،"شبح الانفصال يداعب أكراد إيران،"اليوم السابع (201/09/28)،
https://www.youm7.com/story/2017/9/28/%D8%B4%D8%A8%D8%AD-%D8%A7%D9%84%D8%A7%D9%86%D9%81%D8%B5%D8%A7%D9%84-%D9%8A%D8%AF%D8%A7%D8%B9%D8%A8-%D8%A3%D9%83%D8%B1%D8%A7%D8%AF-%D8%A5%D9%8A%D8%B1%D8%A7%D9%86-%D9%82%D9%84%D9%82-%D8%AF%D8%A7%D8%AE%D9%84-%D8%B7%D9%87%D8%B1%D8%A7%D9%86-%D9%85%D9%86-%D8%AA%D8%A3%D8%AC%D9%8A%D8%AC/3432157

13 عقيل محفوض،"تركيا والأكراد كيف تتعامل تركيا مع المسألة الكردية،"مركز العربي للابحاث ودراسة السياسات(2012) ، ص9.
14 سيلوبي،"تدريبات عسكرية عراقية - تركية غداة استفتاء كردستان،"الحياة (2017/09/26)،
http://www.alhayat.com/article/888866/%D8%AA%D8%AF%D8%B1%D9%8A%D8%A8%D8%A7%D8%AA-%D8%B9%D8%B3%D9%83%D8%B1%D9%8A%D8%A9-%D8%B9%D8%B1%D8%A7%D9%82%D9%8A%D8%A9-%D8%AA%D8%B1%D9%83%D9%8A%D8%A9-%D8%BA%D8%AF%D8%A7%D8%A9-%D8%A7%D8%B3%D8%AA%D9%81%D8%AA%D8%A7%D8%A1-%D9%83%D8%B1%D8%AF%D8%B3%D8%AA%D8%A7%D9%86
15 الجزيرة،"معبر الخابور.. بوابة تركيا على شمال العراق،"(2017/09/26)،
https://www.aljazeera.net/encyclopedia/citiesandregions/2017/9/26/%D9%85%D8%B9%D8%A8%D8%B1-%D8%A7%D9%84%D8%AE%D8%A7%D8%A8%D9%88%D8%B1-%D8%A8%D9%88%D8%A7%D8%A8%D8%A9-%D8%AA%D8%B1%D9%83%D9%8A%D8%A7-%D8%B9%D9%84%D9%89-%D8%B4%D9%85%D8%A7%D9%84-%D8%A7%D9%84%D8%B9%D8%B1%D8%A7%D9%82

第十章　獨立公投的結果及影響

1 تقرير،"الرئيس الكردي «معصوم».. لغز محير في استفتاء «كردستان»،"(2017/10/3)،

http://www.akhbarak.net/news/2017/10/03/12079959/articles/26581077/%D8%A7%D9%84%D8%B1%D8%A6%D9%8A%D8%B3-%D8%A7%D9%84%D9%83%D8%B1%D8%AF%D9%8A-%D9%85%D8%B9%D8%B5%D9%88%D9%85-%D9%84%D8%BA%D8%B2-%D9%85%D8%AD%D9%8A%D8%B1-%D9%81%D9%8A-%D8%A7%D8%B3%D8%AA%D9%81%D8%AA%D8%A7%D8%A1-%D9%83%D8%B1%D8%AF%D8%B3%D8%AA%D8%A7%D9%86

2 ملف المركز العربي،"ما الذي جرى في شمال العراق ؟،" (2017/10/18)،

http://www.asharqalarabi.org.uk/%D9%85%D8%A7-%D8%A7%D9%84%D8%B0%D9%8A-%D8%AC%D8%B1%D9%89-%D9%8A-%D8%B4%D9%85%D8%A7%D9%84-%D8%A7%D9%84%D8%B9%D8%B1%D8%A7%D9%82-_ad-id!413780.ks#.XAnjNGgzbIU

3 ايرونيوس،"عودة النازحين إلى كركوك بعد انسحاب البيشمركة،" (2017/10/11)،

https://arabic.euronews.com/2017/10/18/displaced-families-return-to-kirkuk-after-withdrawal-of-peshmerga

4 اورونت،"بعد إغلاق الخابور.. تركيا ترغب بفتح معبر جديد مع العراق،"(2017/10/7)،
https://orient-news.net/ar/news_show/141248/

5 روداو،" اقليم كوردستان يرفض تسليم مطاري أربيل والسليمانية البغداد،"(2017/09/27)،
http://www.rudaw.net/arabic/kurdistan/270920172

6 簡嘉宏、曾原信，〈【庫德族建國】年輕政治明星帶頭改造　追求獨立是族人的祖訓〉，《上報》，二〇一八年八月十七日，https://www.upmedia.mg/news_info.php?SerialNo=46411
7 簡嘉宏、曾原信，〈【庫德族建國】伊拉克從 1920 年迫害始　庫德族語只能在家說〉，《上報》，二〇一八年八月三十日，https://www.upmedia.mg/news_info.php?SerialNo=46508

認識中東 05
庫德的勇氣
庫德族人追求和平與獨立的故事，以及一段跨國界的台庫情緣
The Courage of the Kurds: The Kurdish People and their Pursuit of Independence

作　　者　許善德（Zanst Othman）、陳鳳瑜
編　　輯　王家軒
助理編輯　柯雅云
校　　對　陳佩伶
攝　　影　楊浩明
封面設計　蕭旭芳

企　　劃　蔡慧華
總 編 輯　富　察
社　　長　郭重興
發行人兼出版總監　曾大福
出版發行　八旗文化／遠足文化事業股份有限公司
地　　址　新北市新店區民權路108-2號9樓
電　　話　02-22181417
傳　　真　02-86671065
客服專線　0800-221029
信　　箱　gusa0601@gmail.com
Facebook　facebook.com/gusapublishing
Blog　gusapublishing.blogspot.com
法律顧問　華洋法律事務所／蘇文生律師

印　　刷　前進彩藝有限公司
定　　價　420元
初版一刷　2020年（民109）12月
ISBN　978-986-5524-33-3

國家圖書館出版品預行編目（CIP）資料

庫德的勇氣：庫德族人追求和平與獨立的故事，以及一段跨國界的台庫情緣／許善德（Zanst Othman）、陳鳳瑜著. -- 一版. -- 新北市：八旗文化出版, 遠足文化事業股份有限公司, 民109.12
　面；　公分. --（認識中東；05）
ISBN 978-986-5524-33-3（平裝）

1.中東問題　2.國際衝突　3.民族文化

578.1935　　　　109017835